商品企画できない社員はいらない

太田昌宏

商品力アップのための38の定石とタブー

はじめに

　突然ですが、今この本を見ている人は、もっと売れる商品・サービスを作りたいと思っている。または、いま提供している商品・サービスが思うように売れないと悩んでいる人かもしれません。

　商品・サービスが売れない理由のほとんどは"商品力が足りない"。つまり、残念ながら提供している商品・サービスにお客さんがそれほど魅力を感じていないという場合が多いです。

　私は、会社にとって「商品力は、総合力」とお話ししています。ヒットにならない、売れないのであれば、会社全体で商品企画に取り組む姿勢が必要です。

商品・サービスのことを考えるのは企画部だけじゃない

　商品が売れないと、営業は「商品が悪い」とぼやき……、製造にかかわる人はいいものに仕上げても報われず……、広報・宣伝はプロモーションしても反応がない……となりがちです。もしそうなら、もっと企画に積極的になるべきです。結局、売るのも、作るのも、宣伝するのも自分なのですから。

　企画部以外の人が商品企画を考えることは、それぞれの業務にも活きてきます。営業は、商品が生まれた市場背景や商品・サービスのコンセプトやウリを深く理解することでバイヤーを説得するスキルが上がります。

　広告や販促も、商品のコンセプトを理解し、お客さんの気持ちに合った伝え方をすることで、反応のいい広告やキャンペー

ンを打てるようになります。

　研究所や設計などの技術畑の人は、世の中の流行を捉える力が身につき、モノ作りに活かせます。加えて、私は技術系やデザイン系の人が企画力を手にすると、まさに"鬼に金棒"だと感じています。なぜなら、彼らはいい企画さえ立案できれば、それを"形にする能力"は、すでに持っているからです。

　また、工場で実際に商品を作っている人は、自分たちが作っている商品が生まれる過程を理解することで、商品に対して愛情が生まれます。すると、より一層できばえに気を配るようになり、どこを改善すればいいかも見えるようになります。

商品企画はどんな業界でも活用できる

　例えば、銀行員の人にとっては、商品企画は別世界の仕事と思われるかもしれません。しかし、融資先が市場変化に敏感な顧客志向の会社か、提供している商品・サービスが魅力的かどうかを判断することは、融資先の成長を占う上でとても大切だと思います。

　他にも、公務員の人にも商品企画を理解していただきたいと思っています。最近は、多くの自治体が住民サービス向上に努めています。住民のニーズを理解し、満足してもらえるサービスを提供するためには、一般企業と同様に「売れる商品企画のプロセス」を理解することは大切かと思います。

　業界とは関係ありませんが、流行の読み方、コンセプトの作り方、ネーミングなど、商品企画のイロハを知ると、世の中の商品がどのように生まれるかがわかり、日々使っている商品への思い入れも変わるかもしれません。

付加価値を生み出す仕事の必要性

　最近、私は大学の講義で「これからは頭を使わない仕事は日本からなくなるで。常に考えるクセをつけんとあかんよ」と（バリバリの関西弁で）叱咤、激励しています。

　もちろん、頭を使わない単純作業は日本でも必要ですが、グローバル化、中国、東南アジアが急激に進展していることを考えると、企業の経営者は彼らより何倍も賃金が高い日本人には、知的で創造的な仕事をやってもらわないと割が合わないと考えるのが自然です。

　短大、大学、大学院で教えていると、最近の学生は「すぐに答えを求める」傾向があると実感します。そんな学生たちに、「社会に出ると、唯一の答えなんかないで。いろいろと考えて、選択肢を多く出し、選んでいくしかないんや。アドバイスはしてくれるかもしれへんけど、誰も答えを教えてくれへんで！　悪いけど、これから死ぬまで考えることから逃げられへんで！　でも、自分で考え、選ぶから、納得できるんや」と話しています。

たくさんの業界の知恵を集めました！

　私は、菓子メーカーで長くロングセラーブランドを担当した後、現在所属している日本生産性本部の給費生に採用され、コンサルタント養成講座で勉強しました。

　その講座の卒業論文として、『実務担当者から見た商品開発とブランドビルディングの「定石」と「タブー」』をまとめました。これは、私がメーカー時代に苦労したことや部下を指導するときに気をつけた点を思い出しながら書いた、この本の原

型となるものです。

　当時の私は「安定したサラリーマンを辞めて、コンサルタントとして独立して、生計を立てられるのか？」と不安でした。菓子メーカー時代には、ある程度の経験といくつかの修羅場はくぐりましたが、「私だけの経験、大手1社だけの経験、菓子業界だけの経験で、はたしていろいろな規模・業種に対応できるのか」ということが一番心配でした。

　そこで、論文を書くにあたって、今まで培った個人ネットワークを最大限に利用し、消費財を扱うさまざまな業界の会社12社の経験豊富な部長、課長クラスの方々に、私が考えた65の「定石」と「タブー」について、アンケート形式で支持率を調べました。

　結果は、平均84％という高い支持でした。ちなみに、アンケートに協力してもらったのは、通信・印刷・酒造・化粧品（2社）・製薬・トイレタリー・惣菜・百貨店（アパレル）・ファーストフード・エネルギー・電化製品です。

　さらにアンケートしたみなさんに直接インタビューまで実施し、話してみると、業界は違っても、すべて腑に落ちる内容でした。この経験は、私の自信となりました。

事例をたくさん使い、わかりやすく説明しています

　現在は、企業や大学、公開セミナーで年間100日以上「商品企画」の醍醐味をお伝えしています。私の講義は学術的な話よりも、自分の経験を中心に、身近な事例をふんだんに使用して、誰にでも理解できるよう心がけています。大切なポイントは、具体的な事例に落とし込んでこそ、親しみやすく、より腑

に落ちると思うからです。

　おかげさまで、学生から銀行員や公務員、技術系やデザイン系、バリバリの商品企画担当者まで、さまざまな受講生のみなさんに好評を博しています。

　本書は、あたかも私の講義を聴いているようなエッセンスを盛り込みました。そして、商品企画の全体像を理解するため、企画から販売までを6つのステップに分け、それぞれのステップごとに大切なポイントを「定石」（するべきこと）と「タブー」（してはいけないこと）にまとめています。

　アイデアの出し方に焦点を当てる企画系の本は世の中にたくさんありますが、「アイデアを実現する」方法を記した本は多くありません。アイデアは実現されてこそ価値があるのです。

　本書では、私の経験をもとにアイデアの出し方も詳細にお伝えしていますが、それ以上に関連部門を巻き込みどう商品化するかに重点を置いて書きました。

　というのも、理系出身の私自身は発想力が人より優れているとは思いません。ここまで企画の仕事を続けてこられたのは、発想力と実現力との合わせ技ができたからだという思いがあるからです。同時に、発想は豊かだけれど、周囲の協力を得ることが苦手で、いい商品に仕上がらない部下を多く見てきたことも理由です。

　本書を通じて、企業のいろいろな部署で活躍するみなさんが、商品企画の醍醐味を知り、日々の業務に新たな視点を生み出すきっかけになれば幸いです。さらに、新たに商品企画に従事する人や、今一度やり方を見直したい人にとっても、少しでもお役に立てれば幸いです。

はじめに ——————————————— 003

第1章 商品企画に必要な10の資質

01	人が好き　人間観察力 ——————————— 014
02	高い目的意識を持つ　ビジョン創造力 —————— 015
03	とにかく前向き　スーパーポジティブシンキング ——— 017
04	確固たる自分を持つ　こだわり力 ——————— 018
05	きちんと伝える　伝達力 ——————————— 019
06	ありのままの自分を見せる　自己開示力 ————— 021
07	決してあきらめない　ひたむき力 ——————— 023
08	妥協を許さない　用意周到力 ————————— 025
09	すぐに気持ちを切り替える　胆力 ——————— 027
10	ふり返り、次に活かす　分析・検証力 —————— 029

第2章 商品企画を正しく進める

01　企業の大小に関係なく商品企画の手順を守る — 034

contents

02	スケジュール無視の場あたり的な企画	038
03	巻き込み力を鍛える	042
コラム1	メンズポッキー 誕生秘話 その1	048

第3章　市場を的確に把握する

01	流行の兆しを捉える	052
02	兆しの捉え方はお客さんの層によって違う	055
03	異業種のトレンドに目配りする	058
04	休日はおやすみモード	060
05	競合との争いを歓迎する	063

第4章　アイデアをひねり出す

01	他業界のヒット商品をよく観察する	070
02	気づきシートで世の中の見方を変える	072
03	アイデアはノリよく一気に膨らます	078

04	アイデア会議の運営のしかた	085
05	8割の「メジャー感」と2割の「違和感」	089
06	既成概念を捨てられない	091

第5章　コンセプトを練り上げる

01	企画の核となるコンセプトをあいまいにする	096
02	3つのキーワードを連動させる	098
03	イメージターゲットのリアル感が足りない	105
04	発言の本音を探るクセをつける	109
05	情報は品質の次に重要	117
06	差別化のための差別化を考えてしまう	124
コラム2	メンズポッキー 誕生秘話 その2	126

第6章　企画の細部を詰める

| 01 | お客さんは安い価格にすぐ慣れる | 132 |

contents

02	価格提示後の表情に注意する	136
03	オリジナルはプレミアム	139
04	ワードパワーがある言葉を見つける	142
05	商品のもっとも良い点が伝わるようにする	145
06	パッケージデザインは最初で最大のメッセージ	148
07	辛口コメンテーターを見つけておく	156
08	企画会議は事前準備で決まる	159
コラム3	老舗穀物メーカー 奮闘物語 その1	162

第7章 発売準備と発売後のフォロー

01	小さな成功を拡大しよう	168
02	丸投げは自分の首を締めるだけ	172
03	社内から店頭までメッセージは一気通貫	176
04	垂直立ち上げでスタートダッシュを決める	180
05	怪しい人物と思われても店頭をウロウロしよう	183
06	発売は第2のスタートだと心得る	188

| コラム4 | 老舗穀物メーカー 奮闘物語 その2 ── 192 |

第8章　ロングセラー商品にする

01	ロングセラー化には新規のお客さん獲得がカギ ── 200
02	固定ファンを逃してしまう ── 204
03	ロングセラーは共同作品 ── 208
04	リニューアル中毒に陥ってしまう ── 213
コラム5	老舗穀物メーカー 奮闘物語 その3 ── 216

おわりに ── 219

第 1 章

商品企画に必要な10の資質

売れる商品を作るための
力を養おう

01 人が好き
人間観察力

> **押さえておくべきポイント →**
> 商品を購入するのは人です。まず、人に興味を持つことが大切です。

あたり前ですが、商品を購入するのは人間です。トレンドを作り出すのも人間です。

その人間に喜んでもらう商品を企画できるのは、強い興味を持って人間を観察できる人です。例を挙げると、食べるのは人間ではありませんが、ペットフードでも飼い主の好みが購買を決定するので、幼児食や高齢者向けの食品などの人間の食べ物のトレンドを観察することが、とても参考になります。

トレンドを探る以外にも、人間観察力はコミュニケーション力を高めたり、部下を上手に動かすときにも必要な能力です。自分の周囲の人たちのちょっとした変化に気づき、気軽に声をかけることができるかどうかで、チームメンバーのモチベーションや対応の速さが変わります。

私は、部下を誘ってよく「コンパ」（ターゲット研究会という名前でしたが）を企画しました。仕事ができる部下は、そんな機会に嬉々として参加し、ちゃっかり自分の担当商品の評価を参加者から聞き出していました。

02 高い目的意識を持つ
ビジョン創造力

押さえておくべきポイント →
企画担当者は、明確なビジョンを示しプロジェクトのメンバーをまとめることが重要です。

　商品企画は、はじめから最後まで一人でできるものではありません。ですから、企画担当者にはプロジェクトに携わるメンバーみんなをまとめていく力が求められます。

　プロジェクトをまとめるためにはまず、「何を実現したいのか」という明確なビジョン（目的意識）が必要です。そのビジョンに共感すれば、メンバーはついてきますし、実現困難な状況に陥っても、団結して乗り越えられます。

　明確なビジョンを持つためには、常日頃から少しでも世の中を良くしよう、マイナスをプラスに変えようといった、高い目的意識が大切です。

人が持つ習性にあらがう

　人には、「見たいものを見、聴きたいものを聴く」という習性があります。意識していないと自分の関心のあるものだけに目が行きがちになります。高い目的意識を持っていると、アンテナが立ち、世の中の動きから多くの気づきを得ることができるようになります。

　また、人には「慣性の法則」が働きます。これは、意識しな

いと毎日同じことを繰り返すという法則です。

　通勤・通学に同じ電車、同じ車両、同じドアから乗っていませんか？　慣性の法則が働いている典型的な例です。

　なぜ、そうするのか？　その方が、頭を使わずに済み、楽だからです。

　仕事で考えると、この法則にあてはまるのが「ルーチンワークに逃げる」ことです。新しい仕事に挑戦せず、慣れ親しんだ仕事を部下に譲ろうともせずに囲い込み、「忙しい」を連発して、いたずらに歳月を過ごす人がいます。なぜ、そうするのでしょうか？　その方が楽だし、"働いている気"になるからです。

　しかし、現状に満足せず、高い目的意識や志を持っている人は、その実現のために、慣性の法則に陥る暇がありません。人間の向上心を阻害するこれらの習性を打破するためにも、高い目的意識は大切です。

　私は、ビジネスコーチとしての活動もしていますが、コーチングにおいても、クライアントがいかにわくわくできる目標を設定できるかが、コーチングの成果のカギを握ると実感しています。

03 とにかく前向き
スーパーポジティブシンキング

押さえておくべきポイント →
どんなときでも物事をポジティブに考えることで、商品企画でぶつかるさまざまな難関にも前向きに取り組めるようになります。

　商品企画は、今までにない商品やサービスを世の中に提供するという点では、あくまで"仮説"の上に成り立っています。売ってみるまで仮説が正しいかどうかわかりません。

　企画担当者は、誰もやったことがないことに挑戦する宿命なのです。新しいことを提案すると、周囲の人から不安や否定のコメントを浴びます。そのようなネガティブな嵐の中で、自らを鼓舞し、信ずる企画を実現するためには、単なるポジティブシンキングでは足りない気がします。ポジティブシンキングを超える、スーパーポジティブシンキングが必要だと思います。

　スーパーポジティブな心を持つためのコツは、できなかったことより、できたことに目を向けることです。3割バッターは優秀なバッターとほめられますが、実は7割失敗しているのです。できたことに目を向けると脳内から快楽物質が出てきて、前向きになれます。

　私の勉強会でこの話をすると、翌日に若手の参加者から「スーパーポジティブを意識して働くと、朝からテンションが上がりました」とうれしいメールをもらいました。自分自身の心の持ちようが、仕事の生産性に大きく影響します。

1 商品企画に必要な10の資質

04 確固たる自分を持つ
こだわり力

押さえておくべきポイント →
こだわりが、答えのない商品企画という仕事における拠りどころとなります。

　商品企画は、「無から有を生じる」仕事です。企画を練り上げる過程で、さまざまな不安や迷いが生じます。その不安や迷いに対抗するためには、拠って立つ基盤が必要です。
「この商品・サービスは、お客様に必ず喜んでもらえる」という強い信念や、「このスペックがなければ、企画の存在意義がない」という強いこだわりが、確固たる基盤となります。

　しかし、強い信念やこだわりは、唯我独尊とは違います。いろいろな人との対話や多様な経験から生まれます。人々に自らの考えを問い、失敗を恐れずチャレンジすることで、企画に信念やこだわりが生まれます。私は、商品企画で行うさまざまな調査も、信念を強化する大切なプロセスだと考えています。

　こだわり（強い信念）が必要なのは、商品企画だけではありません。人生の多くの場面で意思決定を求められます。そのときに自分なりのこだわりや信念があると、エネルギーをムダに消耗することなく意思決定できます。同時に信念に基づいた決断は、覚悟を促します。

　余談ですが、企画担当者たちと飲むと、往々にして議論が白熱し時間を忘れるのもしばしばです。それは、みなさん自分の考えに一家言あるのと同時に、議論好きだからでしょう。

05 きちんと伝える
伝達力

押さえておくべきポイント →
自分の考えた企画・コンセプトをきちんと相手に伝える力を養うことで、周りの人を動かし、アイデアを正確に実現することができます。

「ラインロスの原則」という言葉があります。意味は、コミュニケーションの効果は、その経由する距離に反比例するというものです。

何かを伝え聞いた人が、自分なりの解釈を加えて他の人に伝えるので、人を介せば介すほど話したい内容は伝わりにくくなります。「伝言ゲーム」がなぜ面白いかを考えると理解できるでしょう。

商品企画の担当者は、自分のアイデアを承認してもらう上司、企画を実現してくれるプロジェクトメンバー、実際に販売してもらう営業スタッフ、商品・サービスを扱ってもらう取引業者、そして、最後に買っていただく生活者というように、莫大な数の人々に企画を理解してもらわないといけません。

そのためには、誰にでもすぐに理解できる、シンプルでわかりやすい、伝える力の強い企画に練り上げなければなりません。

前述した「人は見たいものを見、聴きたいものを聴く」という人間の習性も、伝えることを難しくしています。聞き手は、自分にメリットがあると興味を持ち、レセプター（受容器）を

開いて、自分に関係があることとして積極的に理解してくれます。聞いた内容を理解し、共感できる（腑に落ちる）と、聞き手はリーダーが望む方向に、行動や思考を変化させます。

　利害の異なるさまざまな部署のプロジェクトメンバーに、最適な形で動いてもらうためにも、腑に落ちる説明が必要となります。

　伝える力が強く、プロジェクトメンバーが腑に落ちる企画とは、シンプルで、主張が明確で、かつ論理が通っている企画です。

　このような企画は商品企画だけにとどまらず、人を動かすことが必要なすべての企画に共通の要素です。

　私が担当者だったとき、新商品を営業に説明する営業会議では、一番商品知識の少ない契約社員が、「売れる」と思ってくれることを目標にしました。そして、できるだけわかりやすく、ユーモアを交え、共感できるプレゼンを心がけました。

06 ありのままの自分を見せる
自己開示力

押さえておくべきポイント　→
自分の「事実」「感情」「考え・価値観」といったものを伝え、素の自分を見せることで、メンバーからの共感を得ることができます。

　プロジェクトチームをまとめるためのコミュニケーションには、「リーダーとしての役割交流」に加えて、「1人の人間としての感情交流」が必要です。「感情交流」を上手に行うためには、飾らず、素のままの自分を見せる「自己開示力」が必要です。

　自己開示とは、以下のようなことを伝えることです。

・自分の生い立ちや成功・失敗談、現在の状況など、自分の人生に関する「事実」を語ること
・プロジェクトを進める上で困ったこと、協力を得て嬉しかったことなどの「感情」を素直に表現すること
・自分の「考え・価値観」を率直に語ること

　自分を偽って、装飾した自慢話などをすることでは決してありません。
　人間誰でも、できれば良いところ、得意なところだけを見せたいものです。ですから、「自己開示」をするには勇気が必要です。

しかし、勇気を出して自己開示をすると、多くの人は親近感や共感を持ってくれるようになります。この人と一緒にプロジェクトを成し遂げたいとメンバーに思ってもらうためには、人間味あふれる親近感や共感はとても大切な要素です。

2つの"かんじょう"のバランスをとる

　人間は感情の生き物です。「理」だけでは動きません。2つの"かんじょう"、すなわち「勘定」と「感情」のバランスをとることが重要です。

　ある商品企画の研修の懇親会の席上で、企画部長が自らの若かりしころの失敗経験を、何気なしに若い部下にしたところ、その部下は「部長でもそんな失敗をしたのですか！ なぜか親近感が湧いてきました」と目を輝かせて話していました。彼女は、「部長は失敗と無縁の、最初から何でもできる人」だと思い込んでいたのです。当の部長は、「俺もいろんな失敗をしてきたよ」と戸惑いながら答えていたのが印象的でした。自己開示は、本人の想像以上に効果があります。

07 決してあきらめない
ひたむき力

押さえておくべきポイント →
どんなときも決してあきらめないことが重要です。商品企画では、「もめたときほどヒットする」という法則があります。

　新しい企画を提案し、実現する過程でまったく困難に出会わないことは、まずありません。むしろ、数々の困難をくぐりぬけてきた企画ほど、練り上げられた魅力的な企画内容になります。

　実際、「はじめに」で述べたさまざまな企画担当者へのインタビューでは、ほとんどの人が「社内でもめた企画ほどヒットする」という法則を口にしておられました。

　私が手掛けてヒットした、メンズポッキーやムースポッキー、冬のくちどけポッキーなどは、一筋縄ではいかない商品ばかりでした。

　また、コンサルティング先でもヒットした商品は、何回もコンセプトの練り直しをしたり、デザインの変更を直前にしたり、発売後に売り先を再検討したりした商品ばかりです。

反対意見を歓迎する

　私の企画仲間の人は、上司から次のように言われたそうです。

　「ヒット商品には、3人の存在が必要だ。1人目は、その企画

を愛する人。2人目は、その企画を支持する人。そして3人目は、その企画に反対する人」

　反対する人がいることで、企画の不備が明らかになり、そこを修正して、さらに隙のない企画に仕上がるのです。

　また、反対者する人に封じ込められ、あきらめるような企画であれば、市場での激しい競争に勝ち残ることができるとは思えません。何としても実現するんだという執念が粘り腰になり、企画はさらに磨かれます。

　そして、この「ひたむき力」の源は、前述した「こだわり」や「強い信念」と、その企画に対する深い愛情です。

08 妥協を許さない
用意周到力

押さえておくべきポイント →
細部まで妥協せずに万全を期すことで、実際に身銭を切って購入するお客さんにも認めてもらえる商品になります。

「成功の神は、細部に宿る」

プロフェッショナルな仕事をしたい人には、ぜひ覚えておいてほしい言葉です。

商品やサービスを企画することは、大変な時間とエネルギーが必要な仕事です。数々の反対意見や障害を乗り越えて、やっと発売にこぎつけるのです。企画が完成に近づいたとき、今まで費やしてきたエネルギーによる疲労感や時間の制約などから、ついつい「これくらいでいいか」と細かい部分で妥協してしまうことがありませんか？

しかし、発売の直前まで気を抜いてはダメです。少しでも不安要素があれば、発売前に必ず消し去るべきです。一旦、市場に出たらもう修正はできません。最後の最後まで磨いた企画は、必ずお客さんに伝わります。

ときには、妥協をした結果、苦い経験をした私ですので、その大切さを余計に感じるんだと思います。

初めて世に出す商品で、先輩から「まだ間に合う。もう1回考え直せ！」との忠告に対して、「もう決まったことです。時間もないので、これでいきます！」と無理やり自分を納得させ

1 商品企画に必要な10の資質

るように話した場面は今でも強烈に耳に残っています。もちろん、その商品は期待以下の売れ行きで終わりました。

　プロとして生計を立てている、どのような職業の人たちにも、「成功は細部に宿る」という言葉は通じるのではないでしょうか。

　お客さんはよく見ています。手を抜くとすぐ見破られます。何しろ、自らが汗して稼いだ「身銭」を切って、ご購入いただくのですから、当然購入に真剣になります。

09 すぐに気持ちを切り替える
胆力

押さえておくべきポイント →
すっぱりと大胆に気持ちの切り替えをして、今できることに注力することが大切です。

　前項で、発売の直前まで精一杯企画を磨く大切さをお話ししましたが、一旦すべての企画内容が決まり、発売を待つばかりの状態になったら、何を言っても仕方がないので、後悔はすべきではありません。

　入学試験のとき、休み時間に今受けた科目の答えを言い合う風景をよく目にしましたが、私は一切やりませんでした。終わった科目のことをいろいろ考えて点数が上がるのなら構いませんが、どうしようもないことに心を配るより、次の科目で１点でも多く取れるように、最後の努力をする方が賢明です。

　昔、私は父から「心敗するな。心配せよ」という言葉をよく聞かされました。考えてもどうしようもないことを考える（心が敗れる）のではなく、今なら何とかなることには精一杯努力する（心を配る）という意味です。くよくよ悩む性格の私は、今でも肝に銘じています。

　メンズポッキーは、発売前、社内の評判は決していいと言えるものではありませんでした。心配する先輩に「もう、賽は投げられました。後は、どう営業を支援できるか考えるだけです」と答えたところ、「企画マンたるもの、気持ちの切り替え

は大切だ」と励ましてもらったことを思い出します。
　今コンサルタントとして、商品企画のアドバイスをするとき、私は必ずコメントの前に「まだ修正はできますか？」と状況を確認する質問をします。
　修正できない内容を指摘しても、クライアントは不安がるだけです。それよりも、今ある企画を前提として、何か補強できることはないかをクライアントと一緒に一生懸命考えます。
　企画を進める中で、「大胆さ」は必要です。
　例えば、お店で買い物している人に商品の評価について突撃インタビューしたり、どうしても認めてほしい案件について、廊下や食堂で役員を待ち伏せして、企画内容への理解を求めるなど、担当者時代は、私もいろいろとやりました。より良い企画にするために、我を忘れて行動することは、どのような企画でも必要だと思います。

10 ふり返り、次に活かす
分析・検証力

押さえておくべきポイント ➡
結果の分析・検証は必ずやる必要があります。そして、それをどれだけ積み重ねたかで成長の速度が変わります。

企画するときは、楽しく、わくわく。終われば、次の企画に目が移る。私自身もそうでしたが、お手伝いしているクライアントさんの会社でもよく見る風景です。

検証と是正を続ける

旅行を計画するときは、わくわくしていろいろ調べますが、思い出の写真の整理は手つかず。こんな経験はよくあるのではないでしょうか。

個人の旅行なら構いませんが、仕事となると別です。PDCA（計画 → 実行 → 検証 → 是正）は、ビジネスに携わる人ならよくご存じの言葉です。ただ、「知っている」と「できる」にはかなり差があります。特に、C（検証）とA（是正）は、誰でも苦手です。みんな苦手ですから、得意にすると差がつくともいえます。

商品企画は、あくまで仮説でしかありません。売ってみて初めて、検証が行われるのです。それなのに、検証をしないで新しい企画にとりかかるのは、お客さんがせっかくくれた答えを無視するということです。

受験勉強のとき、練習問題の振り返りをせずに、気分転換になるからと、新しい問題集に次々と挑戦し、得意な問題はいつも正解、苦手な問題はいつまでも克服できず……こんな経験はありませんか？「1冊の問題集に集中して、できなかった問題をできるようになるまで繰り返し解く。これが実力アップの早道だ」と言われたことはありませんか？　正にビジネスでも同じことです。

　最近の成熟した国内市場は、お客さんの選択眼が厳しく、何がヒットするかを見通すことが非常に難しい市場です。また、ライバルとの競争も激烈で、類似品がすぐ出る中、スピードも要求されます。そのような市場環境の中では、仮説をしっかり立てた企画をすばやく市場に投入し、検証をするという、企画のPDCAをすばやく回すことが重要になってきます。

　当初の仮説どおりか？　違うとすれば、何が違うのか？　予想したターゲットが買っているのか？　イメージしていた使われ方をしているか？　考えていた一番のウリと、お客さんの琴線に触れた部分は同じか？

　市場に投入する前の仮説と実態を比べることで、市場から多くのことを学ぶことができます。そして、振り返りを続けることで、市場のトレンドを見る眼、自社がターゲットにしている層の嗜好パターンなど、顧客理解が深まり、自らの企画作りの「勘」が養われます。PDCAは知っているだけではなく、習慣になるまで続けることで、本当の実力がつきます。

検証するときの3つのポイント

　検証のとき、忘れてはならないポイントが3つあります。

1つ目は、前述したように、習慣になるまで継続することです。1回や2回の振り返りでは学べる量はたかが知れていますが、小さなことでも続けていると、どんどん蓄積できます。

2つ目は、うまくいっても、いかなくても振り返ることです。うまくいかなかったときに振り返るのは当然ですが、うまくいった場合でも、仮説と違うけど結果としてうまくいったという場合があります。これは、市場から出た答えを間違って解釈することにつながります。偶然成功したという「結果オーライ」では、継続的な成功は期待できません。

3つ目は、これが一番難しいのですが、うまくいかなかったときに、その原因を「人」に帰せず、「事実」に帰すことです。「犯人探し」の検証会議になると、「被告人」の企画担当者は、自らを守るため弁明の証拠集めに注力し、とても是正計画にまで手が回りません。そして、そんな後ろ向きな会議は、誰も出たくありませんし、今度はいつ自分が被告席に立たされるかと思うと原因追究の手も緩みがちです。

「ヒットするといろいろな"関係者"が社内から出てくるが、失敗するとみんなその商品に無関心になる」と企画担当者の間では、皮肉交じりで、そんな話をします。

私は、コンサルタントとして商品企画会議に出るとき、客観的な立場を最大限に利用して、「陽気な反省会」になるよう努力しています。「過去と他人は変えられまへんで。変えられるのは、自分と未来でっせ！ あかんかったことは仕方がありまへん。次に誰もが同じ間違いせんように、みんなでよーく企画プロセスや市場の反応を分析しまひょ！」と笑顔で話します。

メーカー担当者時代には、秋のチョコレート商戦が終わる

と、必ず大手小売業とは検証ミーティングを行っていました。お互い市場分析結果を持ち寄り、侃々諤々と意見を戦わし、さらに来年の秋のチョコレート商戦についての仮説を言い合うことがしばしばでした。

「C（検証）とA（是正）が苦手」というのは、企画担当者だけではありません。企業のマネージャーも経営者も同様です。振り返りが苦手で、新しいものに取り掛かりたがるのは、人間の性（さが）だと思います。みんなができないからこそ、CとAがしっかりできている会社や人は、成長できるので差がつくと思います。

　ここまで第1章を読み進めてみて、もうお気づきでしょう。

　商品企画力のある人は組織のリーダーに必要な要素を兼ね備えているのです。商品企画の担当者は、多くの部門を巻き込み、企画を成功に導くための強いリーダーシップが要求されるプロジェクトリーダーやプロデューサー役なのです。

　この強いリーダーシップ（私は「巻き込み力」と呼んでいます）は、組織を動かし、目標を達成することが求められる企業人にとっては、なくてはならない力です。

　実際、私は営業のエースや他部門のできる社員が、畑違いとも思える企画部門に移動し、活躍しているケースをたくさん見てきました。だから、私は商品企画ができるような人たちこそ、これからの企業に多く必要だと感じています。

　ぜひ、将来のリーダーを目指して、商品企画の仕事にチャレンジしてください！

　次章からは、商品企画の勘所を企画立案のステップに従って、事例を交えながら具体的に説明していきます。

第2章

商品企画を正しく進める

商品企画の6つのステップ

01 企画進行の定石
企業の大小に関係なく商品企画の手順を守る

押さえておくべきポイント →
商品企画には、必ず踏まなければならない6つの基本ステップがあります。これら6つのステップを正しい手順で進めていくことで、企画の失敗が少なくなります。

商品企画の6つの基本ステップ

　商品企画は、ある日突然すばらしいアイデアが浮かび、一気に商品になるということはほとんどありません。細かなステップに違いはあっても、企業の大小にかかわらず、商品企画担当者が基本ステップにのっとって、悩みながら各ステップをコツコツとクリアして、商品に仕上げています。

　まずは、商品がどのようなステップを経て生まれるのかを知り、そのステップどおりに、基本の忠実に進めていくことが大切です。商品企画は、右の図のように大きく6つのステップに分かれます。

　まずは、企画しようとする商品がエントリーする市場の調査から始まります。そして、収集した情報からアイデアをひねり出し、いいアイデアだと思う商品のコンセプトを練り上げ、具体的な商品企画にまとめます。次に、でき上がった商品をいかに効果的に販売するか作戦を練り、発売後はロングセラー目指して改良を重ねます。

　私がコンサルティングしている現場では、時間や予算がない

↘ 商品企画の基本ステップ

step 1	**市場調査**
step 2	**アイデア創出**
step 3	**コンセプト作り**
step 4	**商品企画作り**
step 5	**販売準備・フォロー**
step 6	**ロングセラー化**

ことを理由に、この基本ステップを守らず、場あたり的に企画を進めるケースをよく見かけます。「あたり前のことをあたり前に実行する」ことは、商品企画にかかわらず、どんな仕事でも大切です。

大企業と中小企業の違い

　企業の大きい小さいにかかわらず基本ステップは守るべきだとお話ししましたが、中小企業と大企業では、それぞれのステップでのポイントが少し異なります。

　これは、会社の組織形態が違うためです。右図は、大企業と中小企業のステップごとのポイントをまとめたものです。

　商品企画は多くの部門がかかわります。人が多く、部門も細かく分かれている大企業は、中小企業に比べて他部門との連携をとるのが大変です。ただ、その代わり人や予算といったリソースは豊富にあることが利点になります。

　一方、中小企業は他部門との連携も大事ですが、それよりも社長との調整が求められます。

　このようなステップごとに異なるポイントについての詳細は後述しますが、ここでは6つのステップがあるということを覚えておいてください。

↘ 大企業と中小企業の開発ステップ

	大企業	中小企業
step 1 市場調査	①調査部門への依頼 ②他事業部や経営企画のトレンド分析にも目配り	①インターネット検索 ②周囲の人から情報収集
step 2 アイデア創出	①研究所担当者と試作・評価の繰り返し ②外部業者参加のアイデアコンテスト	①工場の担当者と一緒に試作・評価の繰り返し ②社内アイデアコンテスト
step 3 コンセプト作り	①研究・広告部門参加のアイデア会議 ②コンセプト評価調査（グループインタビュー）	①社長参加のアイデア会議 ②コンセプト評価調査（社内調査）
step 4 商品企画作り	①消費者調査（マス調査やグループインタビュー） ②広告・営業・外部業者などとの意見交換	①消費者調査（社内調査） ②社長・営業との意見交換
step 5 販売準備・フォロー	①営業会議で営業方針の統一とモチベーションアップ ②販促業者と販売戦略立案	①社長同席の営業会議で営業方針の統一 ②営業キーマンと綿密な打ち合わせ
step 6 ロングセラー化	①ブランド戦略の確立と全社での意思統一 ②計画的な活性化策実施	①"社長肝いり"でのブランド戦略の確立と全社での意思統一 ②計画的な活性化策実施

2 商品企画を正しく進める

02 企画進行のタブー
スケジュール無視の場あたり的な企画

押さえておくべきポイント →
発売のタイミングをしっかりと考えることで、店頭で不利な扱いを受けないようにする。

発売のタイミングを軽んじるな

　コンサルティング業に転じていろいろな会社を見させていただくと、発売時期を意識せずに、いいと思うものができたら時期を考えずに発売する企業が多いことに驚きました。

　営業部門は、得意先から発売タイミングについて指摘を受けることも多いので、その重要性を理解していると思いますが、市場知らずの企画部門は、ベストの発売時期を意識しないことが多いです。

　市場が伸長していた20世紀ならいざ知らず、成熟市場で需要創造に躍起になっている現代では、自社の都合で発売して、市場が受け入れてくれるほど甘くありません。

　発売スケジュールを流通側がほしいタイミングに合わせないと、いくら魅力的な商品であっても、店頭で不利な扱いを受け、新商品のスタートダッシュに失敗しがちです。

　特に大手小売業は、「春・夏」「秋・冬」の2回の商戦を重視しています。この2回のチャンスを逃すと、まれに見る画期的な新商品は別として、数多ある新商品は店頭に並ぶ機会をほぼ失います。

食品やパック旅行などといったサービスは、季節性を重んじるので、年2回の商戦を意識する当然ですが、最近ではテレビやパソコン、携帯電話など、季節に無縁と思われる商品でも同じ状況です。メーカー系列店が衰退し、食品同様、大手電機量販店が市場をコントロールしていることが大きな要因だと思います。

　だからといって、未完成なレベルの低い商品でもスケジュールさえ合えば、発表していいわけではありません。少しでも商品価値を上げるべく、ギリギリまで企画を練り上げることは必要です。それでどうしても間に合わなければ、次のベストのタイミングはいつかを考えることが大切です。

　私は、グリコ時代に「赤ワインポッキー」を企画しましたが、どうせ出すなら、赤ワインへの興味が高まるボジョレーヌーボーの解禁日の週にしようと発売日を先に決めて、発売しました。小売業者と同様に、企画担当者も受験や引っ越し、帰省など、生活者の行動パターンを意識して、発売スケジュールを考えることが大切です。

商品発売までのプロセス

　次ページの図は、企画プロセスのイメージ図です。本来は、もっと多くの部門がかかわっていますが、わかりやすくかなり簡略化しています。

　また、スケジュールは私が現在も深くかかわっている食品業界をイメージしていますので、あくまで目安と考えてください。それぞれの期間は、業界によってかなり異なるのではないかと思います。相手がコンビニ業界ならもっと短期間でしょう

↘ 企画プロセスのイメージ

発売12〜6ヶ月前

担当者の仕事
- 情報収集 — 開発のネタ探し
- 企画案出し — アイデアラッシュ

発売6〜3ヶ月前

社内会議
- アイデア会議 — コンセプト練り上げ
- 開発会議 — 発売意思決定

発売3〜2ヶ月前

営業の仕事	担当者の仕事	工場の仕事
商談	規格の詰め	見本生産
	販売戦略	本格生産

発売

し、車など高額、ハイテク商品なら3年以上の期間が必要だと思います。

いずれにしても、プロセスの前半は担当者個人の能力が問われることが多いので、第1章の「商品企画に必要な10の資質」の「01 人間観察力」から「04 こだわり力」までが重要となってきます。

関連部門を動かすことが多い後半のステップは、「05 伝達力」から「09 胆力」が必要です。さらに、自らの企画能力を上げるためには、「10 分析・検証力」を忘れてはいけません。

スケジュール変更も柔軟に対応

多品種少量販売の時代では、商品企画担当者が、複数の商品を担当するのが一般的ですが、各々の商品の企画進捗状況は異なります。

ある商品は、まだアイデア段階であったり、またある商品は販売が計画を下回り、すでにリニューアルを考えている段階だったりします。したがって、企画担当者はまるで曲芸師の「皿回し」のごとく、複数の商品の進捗状況を同時に、かつ丁寧に管理しなければなりません。

企画の仕事は、会社の業績に直結します。予想外の売上不振に陥ると、売上の穴を埋めるための緊急発売もあります。このような場合に備えて、スケジュールは変わるという前提で臨む、柔軟な姿勢が求められます。

03 企画進行の定石
巻き込み力を鍛える

押さえておくべきポイント →
商品企画をよりスピーディーに進めるために、いろいろな部門・人の知恵を借りられるような状態を作り上げておくことが大切です。

1人でいい商品は作れない

　1つの商品がアイデアの段階から商品化に至るまでには、製造、販売部門はもとより調査や設計、広告部門など、多くのスタッフがかかわっています。

　企画担当者は、すべてのプロセスにかかわるプロジェクトリーダーの役目を担うわけですから、いい商品作りのために、メンバーのベクトルを合わせ、モチベーションを上げることが必要です。

　そのためには、企画している商品がいかに顧客に価値を提供し、自社にとっても重要な商品であるか、熱き想いを持ってメンバーに伝え、同時に、それぞれ部門での活動状況をプロジェクト全体で共有できるよう目配りをすることが大切です。

　商品企画は、分業です。限られた時間の中で、ユニークな切り口の商品をスピーディーに企画するためには、1人で思い悩んでいても進みません。

　そこで、相互の信頼と協力が成功のカギとなります。守備範囲が広く、なかなか大変な仕事ですが、私の経験上、創造性と

広い視野を求められる企画担当者に任命された人は、高い能力と意欲を会社から認められている人です。自信を持って、積極的に動いて、"巻き込み力"を鍛えてください。

"巻き込み力"をつけるには、常日頃からいろいろな分野の「知恵袋のネットワーク」を構築し、いつでも聞ける状態にしておくことが大切です。そのためには、自分自身も日頃から勉強して、自分の価値を上げて、役に立つ情報源である必要があります。

同時に、「あいつに頼まれたら仕方がない」と感じてもらう、「人間力」も必要です。「人間力」を鍛えるためには、衝突を恐れず、いろいろな関係者のふところに思い切って飛び込む経験を数多くこなすことが大切です。その経験の積み重ねで「人間力」が磨かれます。第1章で述べたさまざまな力が備わると「人間力」は間違いなく向上します。"巻き込み力"のある人には、わくわくする仕事と人が集まります。

しかし、それぞれの関連部門を巻き込んで商品企画をするといっても、どのようにかかわっていけばいいのでしょうか？

関連部門とのかかわり方（中小企業の場合）

　中小企業の良いところは、社長のトップダウンで物事が決まることが多いので、意思決定が速いことです。

　大企業では骨の折れる、企画に対する関連部門のベクトル合わせも、中小企業では、「社長の肝いり」ということで解決できる場合が多いものです。

　ですから、企画担当者は社長の商品企画に対する意図や想いを十分くみ取るとともに、企画の進捗状況を適宜報告するマメさが必要です。

　また、企画を進めるうちに関連部門同士で利害が対立したり、予想外の困難に出会ったりした場合、社長のサポートをタイミングよく引き出すことも必要です。

　私は中小企業メーカーのコンサルティングを経験して、大企業以上にセクショナリズムが強いことに驚きました。さらに難しいのは、深刻な対立をしているにもかかわらず、表面的には摩擦が見えない場合が多いことです。狭い人間関係なので決定的な対立が表面化した場合、逃げ場がないという恐怖心から生まれた知恵でしょう。

　また、人事異動が少なく、若いころから同じ職場なので、最初からウマが合わなかった年長の部門長同士なら、対立はさらに深刻になります。こんな内部対立で、エネルギーを消費していては、いい企画の原石を磨くことは到底できません。

　このような場合、事態が深刻になる前に、早目に社長に出馬していただきましょう。

↘ 中小企業の開発の注意点

社長

社長を、企画の最大の理解者かつ
支援者にすること

開発部門

営業が売る気にならない商品を
お客さんは買わない

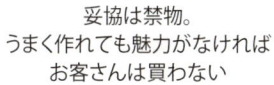

妥協は禁物。
うまく作れても魅力がなければ
お客さんは買わない

営業

工場

関連企業とのかかわり方（大企業の場合）

　大企業の場合、特に注意するポイントは2つです。

　1つ目は、会議を重ねて"企画が円く"ならないように注意することです。大手の場合、企画部内でのアイデア会議から関連部門が出席する企画会議まで、商品企画のプロセスの中に大小さまざまな会議が組み込まれています。

　いろいろな見地から企画を検討できるというメリットはあるのですが、会議出席者が増え、商品も現実化するにつれて、とがった企画への不安があふれてきます。

　一方、企画担当者は新しい価値を提案するのですから、不安は当然あります。担当者が自らの安心を得るために、いろいろな意見を聞いた結果、企画の重要な差別的要素がなくなってしまうことがあります。

　したがって、担当者は会議に臨むにあたって、「ここが企画の肝」というべき絶対に譲れない要素を明確にして、最後まで貫き通す強い意志が求められます。上司は、担当者がくじけないように完全サポートする必要があります。

　2つ目は、意思決定の"関所"が多数あるので、企画のスピードが鈍くなることに注意することです。

　新商品企画は、稟議事項である会社がほとんどですから、関連部門長や経営トップの了解が必要となります。大企業の場合、了解を取らなければならない人数が多いので、その分、企画スピードが鈍りがちです。

　競争に勝ち残るには、トレンドの変化を巧みに捉えた商品を、他社に先駆けて市場に投入しなければなりません。意思決定に時間をかけて、商機を逃さないように注意してください。

大企業での開発の注意点

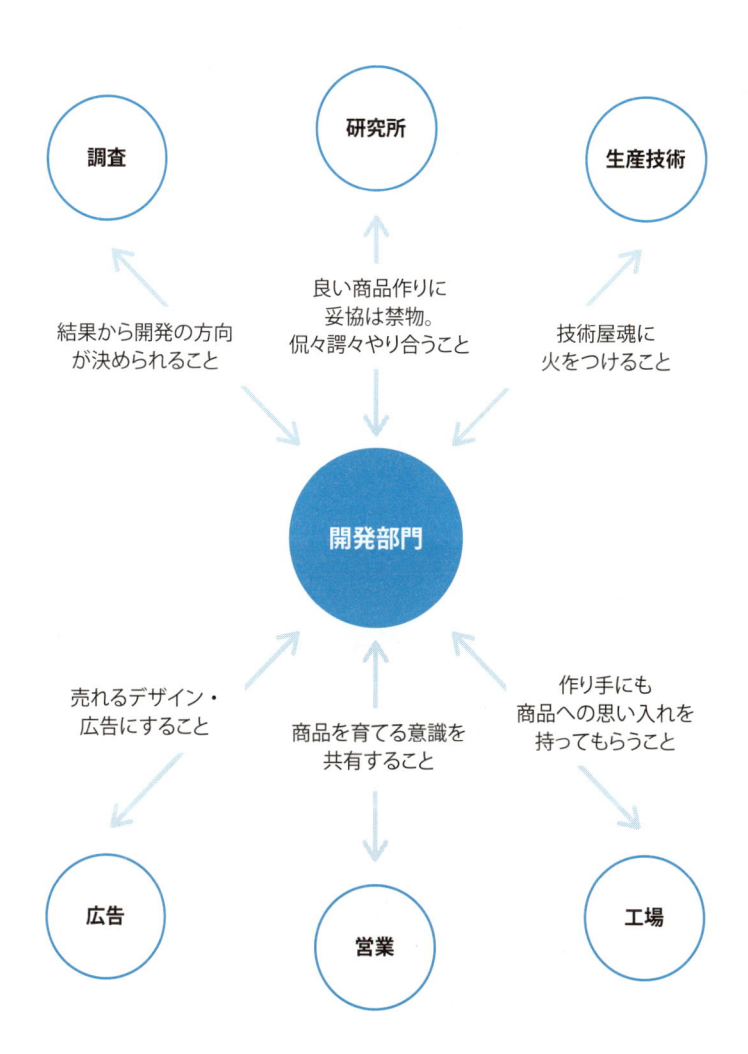

- 調査 ← 結果から開発の方向が決められること
- 研究所 ↔ 良い商品作りに妥協は禁物。侃々諤々やり合うこと
- 生産技術 ← 技術屋魂に火をつけること

開発部門

- 広告 ← 売れるデザイン・広告にすること
- 営業 ↔ 商品を育てる意識を共有すること
- 工場 ← 作り手にも商品への思い入れを持ってもらうこと

コラム1

> メンズポッキー
> 誕生秘話 その1

　1995年秋、私は追い込まれていた。はじめて企画を担当した商品は、計画を下回る売れ行きで、苦戦を強いられていた。そんな中、上司から「来年のポッキー誕生30年を機にポッキーチョコレート（赤箱）を再活性化せよ」と指令が下された。今回こそ、期待に応えないと。でも、どうやって活性化するのだ？ ありきたりの30周年記念キャンペーンでは、お客さんの興味を惹けないし……。

1997年当時の江崎グリコ株式会社　『ポッキーチョコレート』

アイディアのひらめき

悶々とする日々が続いたある日、こんなアイディアを思いついた。「そうだ、最近、配荷が落ちている『ポッキービター』をリニューアルし、それを起爆剤として、赤箱に注目させよう。ビターをクールな男性に見立て、赤箱との素敵なカップルを演出できれば、中高校生に話題になり、どちらの商品にも興味を持ってもらえるのでは。

キムタクが口紅のCMをするぐらい、今の若い子は、男女の境界があいまいになってきているし…。しかも、『ポッキー四姉妹物語』でのポッキーの擬人化、ストーリー仕立てのCMは評判だった。いけるぞ！」

商品は、ビターなチョコをたっぷりコーティングし、香ばしくサクサクとしたプレッツェルで赤箱と差別化しよう。

こうしてプロトタイプは順調に仕上がり、消費者調査も期待通りの結果。満を持して、商品企画会議に臨んだ。

商品企画会議にて

企画会議は、発売の可否を決定する場。

出席者は、企画部だけでなく、研究所や調達関係、技術部門に広告部門、営業部門。全部門のコンセンサスがないと発売できない、最も緊張する会議だ。

私は、"若い女性が、男っぽいカッコよさを楽しむビターなポッキー"というコンセプトを、キムタクの口紅のCMや最近のファッションなどのユニセックス化の事例を挙げながら、必死でプレゼンした。

すると突然、営業幹部が叫んだ。
「君の話は、まったく理解できない。女性は、本当にそんな気分になるのか? 男性セールスが、そんな女性心理をバイヤーに説明できるのか?」
それに対して私は、必死で説明した。
「『リポビタンD』のマッチョなカッコよさではなく、ブラックスーツを着こなす、『リゲイン』のＣＭで『24時間戦えますか?』と訴えている俳優の本木雅弘くんのようなクールで、スマートなポッキーが女性の心をとらえるのです! わかりませんか?」
しかし、残念ながらその日は承認を得ることができず、議題は先送りとなった。

コラム2へつづく

第3章

市場を的確に把握する

お客さんのニーズ
流行の兆しを見つける

01 市場把握の定石
流行の兆しを捉える

> **押さえておくべきポイント →**
> 流行の兆しを捉えるには、人間を観察し、問題意識を持つことです。兆しを捉えることができると、市場にあった商品を投入することができます。

　新商品のライフサイクルは、どんどん短くなってきています。菓子業界では、発売1週間の販売POSデータをもとに、1ヶ月後にはその新商品が棚から姿を消すことも珍しくありません。

　企画に何ヶ月、ときには1年以上も時間をかけた商品が、わずか1ヶ月の命ということです。このような商品の改廃のスピードアップは、大手小売業から中堅企業にまで広がってきています。

　したがって、はやっている商品にあやかって2匹目、3匹目のドジョウを狙おうとしても、売場に並ぶことさえ難しくなります。運よく店頭に並んでも、世界で一番"新しいもの好き"ともいえる日本の生活者には、すぐに飽きられています。安易な後追い企画は、在庫の山になる危険性をはらんでいるということです。

兆しを捉えるための2つの力

　一口に「兆しを捉える」といっても、数字などで明確に表れているような現象は、もうすでに兆しとはいえませんから、

"言うは易し、行うは難し"でなかなか難しいです。

　兆しは、今までの流れと違う"何か"（変化点）を発見することですから、やはりある程度の経験とセンスが必要です。ただ、まず前提となるのは、「人間への興味」と「問題意識」があるかということです。

　第1章で、企画担当者に必要な能力として、最初に「人間観察力」と「ビジョン創造力」を挙げました。

　そもそも人間への興味がないと、市場を観察していても、やらされ感が強くなり、そのような受け身では長続きしません。一方、人間好きな人は、日々生活者の営みに興味を持ち、どこで何をしていても、常に人々の行動に対して「なぜ？」と自問自答できます。

　また、問題意識が低いとせっかくの兆し（企画のタネ）を逃してしまいます。

「チャンスの神は、前髪しかない」という言葉をご存じでしょうか？ ギリシャ神話に出てくる「時の神」の1人です。一瞬の「時」を意味する"カイロス"神は、頭にひとつかみの前髪だけが生えた（つまり後頭部には毛がない）少年です。だから、一瞬にして目の前を走り抜ける"カイロス"＝"チャンス（好機のとき）"をつかまえるには前髪をつかむしかない。通り過ぎた後を追いかけても、後ろ髪がないのでつかまえられないということです。

　つまり、チャンスは待ち構えている人だけがつかめるのです。商品企画も同様です。「あ！」と思う現象は、待ち構えていないと（問題意識がないと）出会えません。そして問題意識は、いい商品を作りたいという強い目的意識があって初めて生

まれます。なぜなら、問題とは現状とありたい姿との差（ギャップ）だからです。

逆張りの発想を意識する

ではここで、流行の兆しを捉えるための一例をご紹介します。

それは、すごく流行したものが出たら、まったく逆のことが流行すると想定しながら世の動きを見ることです。これは意外に有効です。

古くからファッション業界では、ミニスカート人気がはやったら、今度はロングスカートがはやると言われています。

実際この夏は、ミニやショートパンツが全盛の中で、エスニック調のロングスカートも流行しましたね。色についても、明るい色がはやれば、その後は落ち着いた色がはやるとも言われます。

食品業界でも、健康志向全盛の時代に量が多いことをウリにしたハンバーガーやデザートがはやりました。ちょっと出遅れたと感じたら、流行と正反対の特徴を盛り込んだ企画で、待ち構えるのも１つの手です。私は、このことを"逆張りの発想"と呼んでいます。

02 市場把握の定石
兆しの捉え方は
お客さんの層によって違う

押さえておくべきポイント →
お客さんの層ごとの「流行になるきっかけ」を把握する必要があります。

　一般に高校生やＯＬなどの若い女性は、世の中の流行に敏感です。そして主婦は、自分の娘など、若い層から情報を仕入れる傾向にあります。男性は、自分の趣味の分野ではすごく情報の感度が高いのですが、世の中の流行全般については、あまり感度は高くありません。

　つまり、お客さんの層によって流行になるきっかけが違うのです。したがって、自分たちのターゲットがどのグループに属するかを見極めることがとても大切になります。例えば、ターゲットにしているお客さんが中高年主婦層であれば、10代、20代の女性にとっては、すでに流行の"盛り"であるようなことでも、中高年主婦層では流行の"兆し"の場合があり、新商品企画のネタとしては、十分活用できる可能性があります。

　商品にはライフサイクルがあります。導入期、成長期、そしてもっとも利益が大きくなる成熟期を迎え、やがて衰退期というように移行します。私は、この商品ライフサイクルと同じように、流行のトレンドにもライフサイクルがあると考えています。萌芽期から普及期、成熟期、衰退期へ移行するということです。最近も面白い現象がありました。

　2011年『日経ＭＪ』ヒット商品番付に登場した各社の「ポ

ン酢ジュレ」。実は、デパ地下では、2年も前からゼリーのお菓子をフランス語読みで「ジュレ」として、ヒットしていました。若い女性たちがスウィーツで親しんだ言葉や特徴が、食品調味料のヒットにも影響した例ですね。

　ジュレブームよりもう少し前に、バレンタインのチョコレートでキラキラ系の装飾をしたチョコレートがはやったことが、その兆しだったのではないかと思っています。

　もちろんその背景には、若い女性たちが携帯をキラキラと装飾したり、キラキラした小物を好んだりする傾向があったことが挙げられます。キラキラの感覚が、アパレルから菓子、食品に移行していった例ではないでしょうか。

ヤマサ醤油株式会社　『昆布ポン酢ジュレ』

流行のサイクルと兆しの捉え方の例

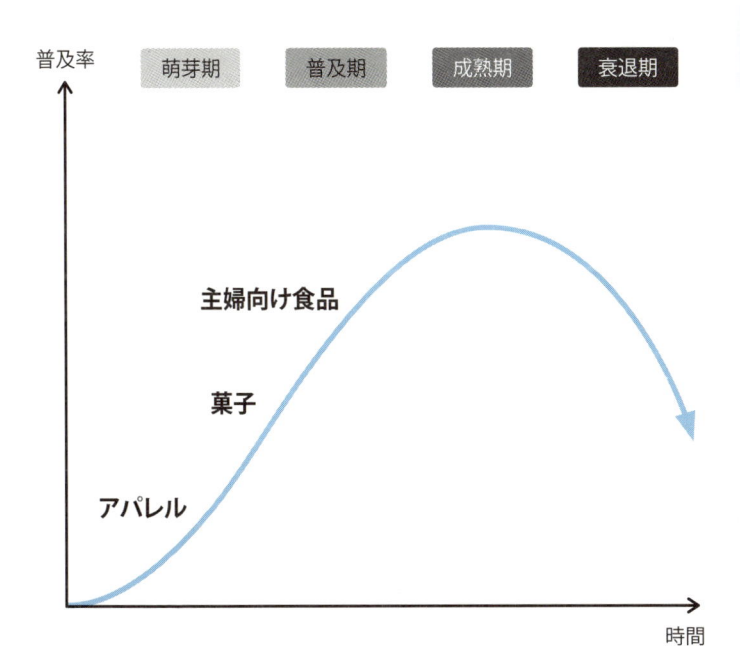

普及率

| 萌芽期 | 普及期 | 成熟期 | 衰退期 |

主婦向け食品

菓子

アパレル

時間

兆しの捉え方は、業界により異なる。
アパレルは、自ら流行を創造し、菓子業界はアパレルが適当な先行指標になる。主婦向け食品には、菓子がいい先行指標になる場合がある。

03 市場把握の定石
異業種のトレンドに目配りする

押さえておくべきポイント ⟶
異業種のトレンド・世間の兆候にも目を向けることで、企画のネタが見つかりやすくなります。

　私がさまざまな業界の会社の方々にアンケートを取ったことについては「はじめに」でふれたとおりです。このとき、多くの企画担当者が同意してくれた言葉が、「商品企画のネタに困れば、違う業界を観察する」でした。

　流行は生活者が生み出すので、生活者を囲むさまざまなジャンルがお互いに影響を受けるのです。したがって、企画担当者は、自分の業界のトレンド分析だけではなく、自分たちのターゲットが関心を持つ他の分野にも常に目を向けなければなりません。

　今であれば、例えば、「エコ」や「地元志向」「安心」などがキーワードになるので、これらに関連する商品は、ジャンルにかかわらず生活者の興味をひく商品群ですので、目配りしておきます。

ターゲットが興味を示すものをチェックする

　私がグリコのチョコレートの担当だった時代は、女子高生やＯＬが主要ターゲットだったので、彼女たちに人気のあるファッションブランドや芸能人、レストランなどをチェックし、な

ぜそれらが彼女たちに受け入れられているかをよく考えていました。

そうすることで、いま彼女たちが「かっこいい」「心地よい」と感じることの共通のキーワードや嗜好が浮かび上がってくることがったからです。

また、女性ファッションのテイストや色、女性週刊誌の特集やそこで使われている言葉なども、企画ネタとして考えるヒントにしていました。

メンズポッキーの企画が生まれるヒントには、当時の若い人たちのユニセックス化がありました。詳しくは、コラム１の「メンズポッキー　誕生秘話　その１」でお話しましたが、こういった兆候をさまざまなところから仕入れ、企画に活かしたのです。

前項で、若い女性は一般的に情報に敏感だと述べました。たとえ自分たちの商品の主要なお客さんでなくとも、世のトレンドをいち早く知るという観点から、彼女たちの関心があるものや流行をチェックすることをお勧めします。

特に、はやりすたりの激しいファッションやテーマレストラン、映画、音楽などのコンテンツは、積極的に流行をしかける業界ですから、常に関心を持つことが大切です。

04 市場把握のタブー
休日はおやすみモード

押さえておくべきポイント →
たとえ休日であっても、ターゲットとなる人たちがいるところに積極的に顔を出し、アンテナを立てておくことが大切です。

　休日におやすみモードになることがタブーというと、少し厳しいと感じるかもしれません。しかし、人間好きで問題意識があれば、平日・休日にかかわらず、どこにいても企画のネタは仕入れられます。企画のネタは人々の営みの中にあるのです。「喜んで世間を徘徊する」ことが、基本です。商品企画のネタは会社の中にはありません。会議でも生まれません。

　会議は「仕入れたネタを"自慢げに"開帳する場」です。パソコンの前いるだけでは、入ってくる情報は整理できても、今までにない価値を提供する商品は生まれないと思います。

　ヒットメーカーは、例外なく人間の営みに興味を持ち、嬉々として、ターゲットたちが徘徊する場を怪しげにうろつき、気づきをメモっています。企画のメンバー同士が、必死でネタを仕込み、ネタの量を競うような環境作りが必要です。そういう意味では、どんなところにも乗り込んでいく前述の「大胆さ」も、企画担当者には大切な能力です。

　こども靴市場で、年間600万足（2010年実績）の大ヒット商品『瞬足』を企画した、アキレス株式会社のシューズ事業企画本部の津端裕氏は、お子さんの運動会をはじめ、いろいろな

場面でこどもや親の運動靴の写真を撮り続け、こどもたちの靴に対する嗜好の変化にいち早く気づきました。

私はメーカー勤務時代、部下が予定より早く仕事が終わったら、無理に会社に戻らず、人が集まる話題のスポットを訪れるように指導してきました。また、私が若いころ、ヨーロッパの菓子見本市に行かせてもらった際に、当時の上司から「チョコレート専門店に行くのも大切だが、有名な絵画や彫刻も見てきなさい。菓子に限らず、おいしいものをいっぱい食べてきなさい。いいものに多く触れることで、目利きができるようになり、企画のセンスが磨かれる」とアドバイスを受けました。

どんな仕事でも同じかもしれませんが、特に企画を志す人はバイタリティーに溢れていることが必須です。次ページに、企画担当者の行動チェックリストを作ってみました。日々の活動がどれだけあてはまるか、ぜひ自己診断をしてみてください。

アキレス株式会社 『瞬足』

↘ 企画担当者のための行動チェックリスト

- [ ] デパートへ行く! 食品売場・女性物売場
  (化粧品・アパレル・日用品) は必須
- [ ] 人気店に食べに行く!
- [ ] 話題の催物・映画・イベントに行って、見て、体験する!
- [ ] 美術館・博物館に行って芸術にふれてみる!
- [ ] 街中や電車の中で聞き耳をたてる!
- [ ] 漫画・雑誌・TV・ラジオ・インターネット・音楽を
  常に関心を持って、見たり聴いたりする!
- [ ] ホームスティする! (親類・友人の家庭)
- [ ] 輸入品店バラエティーショップに行く!
- [ ] 中学・高校・大学・専門学校等の学園祭に行く!
- [ ] TVCM・雑誌広告・車内吊広告・店頭ポスターを見る!
- [ ] 子供と一緒に遊園地・動物園・イベント会場へ行く!
- [ ] 「ファッションショー」に行く!
- [ ] 東京に行く!
- [ ] 特徴的な売り方の小売店に行く!
- [ ] 店頭サンプル配布をする!
- [ ] スーパー・ＣＶＳの定点観測をする!
- [ ] ヒット商品や発想法に関する本・雑誌・新聞を読む!
- [ ] 工場見学に行く!
- [ ] 見本市・包装展・地方 (外国) 物産展に行く!
- [ ] 目に見える形を作ってみる!

05 市場把握の定石
競合との争いを歓迎する

押さえておくべきポイント →
競合がいるということは、「市場の拡大」「自社商品の改善」「消費者の注目度上昇」という3つにつながると考えることが重要です。

　ライバル商品の出現は、自社の商品にとってマイナスだと考えがちです。しかし、私は『ムースポッキー』と『フラン』の"がちんこ対決"の経験から、あえて競争は歓迎すべきだと考えています。理由は、3つあります。

理由① ライバル商品の参入は、市場拡大の指標

　ライバルも、自分たちと同じように市場拡大の「兆し」を求めて、日夜、市場を見つめています。自分たちの狙いが正しければ、当然ライバルも「これはいける！」と反応するはずです。ライバルがあえて経営資源を投入しようとするのは、市場が魅力的な証拠なのです。

　特に、まったく新しい価値や新たな評価の基準を提案する商品を市場に投入する場合では、導入初期段階にライバルが出現すると、市場拡大に結びつきやすいです。

　現在のスマートフォン人気は、アップルの『アイフォーン』だけでは演出できません。グーグルの『アンドロイド』という対抗馬の出現で市場にさらに火がつきました。

　また、成熟商品の代表である白物家電でも、内釜にこだわっ

た炊飯器やフィルターお掃除ロボットエアコン、斜めドラム洗濯乾燥機、スチームオーブンレンジなどの新機能商品の登場で、高価格帯の商品群ができて、市場が活性化しました。

さらに、特保（特定保健用食品）のお茶が企画されて市場が伸びた茶葉飲料の例もあります。

理由② ライバル商品は、自社商品を見つめ直すきっかけ

ライバルが出現すると、自社商品の強みを探すためにライバル商品を分析し、自社商品を見直します。結果、自社商品の改良点が明らかになり、いいリニューアルのネタを見つけることができます。

また、再認識した強みから自社商品の核になるメリット（コンセプト）が明確になり、市場でのポジショニングがはっきりします。私も『フラン』の出現により、改めて『ポッキー』の強み、アイデンティティを真摯に見直しました。

このことは、人間関係にもあてはまります。スポーツの世界ではよくある例ですが、仕事社会でも強力なライバルがいたおかげで、さらに自らを高める努力をする状況に追い込まれることがありますね。これと同じです。

理由③ 競争は流通業者を動かし、消費者の注目度を高める

これは、『ムースポッキー』と『フラン』が首都圏で同時に発売されたときに、強烈に私の胸に刻み込まれました。

スーパーやコンビニエンスのバイヤーは、チョコがけスティック菓子の一騎打ちと見て、両品を店頭で大きく取り上げました。私が驚いたのは、小売り側の仕かける姿勢です。

事前に両社が案内した発売日が違うと、同じ日になるよう誘導し、多量の発注を同数量発注した上に他の菓子メーカーの陳列の量を控えるなどして、徹底的に両社の対決姿勢を店頭で演出しました。

　当然ながら、店頭での商品の露出は上がり、お客様の視認率は通常の新商品では考えられないほど高くなりました。私はこのときに、大手小売業のバイイングパワーを強く印象づけられ、これからは流通の販売政策を十分勘案しながら発売すべきだと思いました。

↘ 店頭での『ムースポッキー』と『フラン』の展開

注：この写真は、首都圏発売時のものではありません

そして、両社ともＴＶＣＭをかなり投入したこともあり、お客さんの認知率はとても高く、デビュー当初から高い販売レベルで推移し、２品ともその年の大ヒット商品となりました。
　ただ、私の仮説が大きく異なったのは、小売業の対応だけではありませんでした。
　当初、私は自社の『ムースポッキー』ではなく『フラン』を選ぶお客さんもいて、店頭でのカニバリゼーション（喰い合い）は避けられないと考えていました。
　しかし、ふたを開けてみると、店頭のお客さんの多くはどちらかを選ぶのではなく、どちらとも購入していたのです。自宅に帰って"食べ比べ"をするためです。
　このとき、お客さんは単にチョコレート菓子を買うのではなく、"ポッキー ＶＳ フランのイベント"に参加していたのだと理解しました。いわゆる"モノ消費"ではなく、"コト消費"だったのです。
　私の仮説が大幅に外れたことにより、デビュー直後から欠品に苦しむことになりました。流通や生活者の反応を読み切れなかった企画担当者としての実力のなさと会社にかけた迷惑を思い出すと、10年以上たった今でも忸怩たる思いです。
　当時の状況を図式化すると右のようになります。

　次ページには、この章のまとめとして「流行の兆しをとらえる７つのポイント」を入れておきます。

『ムースポッキー』と『フラン』の同時発売で市場拡大

**グリコ『ムースポッキー』明治製菓『フラン』が
首都圏で同時発売**

メーカー

・ＴＶＣＭ多量投入
　⇒顧客のマインドシェアを優位に
・店頭での多量陳列
　⇒店頭での視認率を優位に

小売

・大手メーカーの全面対決
　⇒話題性あり
・対決の構図を鮮明にしたい
　⇒両ブランドを同数多量陳

**多量ＣＭ
多量陳列**

高い認知率と興味

顧客の反応

・よく似た商品が同時発売
　⇒どちらの勝ち？ ゲーム感覚。まとめて４品購入
・通常はすぐに飛びつかない主婦や男性も購入
　⇒まさに"イベント消費"

２品での"喰い合い"が少ない

**『ムースポッキー』『フラン』とも大ヒット。
チョコスナック菓子の市場が広がる**

流行の兆しを捉える7つのポイント

point 1
自分の商品の購入層の中で、流行に一番敏感な人たちの行動に注意を払う

point 2
先行指標となる業界や企業を決めて、常に動向を注目する

point 3
下位メーカーが、同じような商品を、低価格を売りにして参入してきたら、安売り合戦になる可能性が高いので、自社の参入は躊躇する

point 4
流行に敏感な人たちが離れかけたら、流行の終わりと心得る

point 5
業界のリーダーが、他業界とコラボレーションなどをして、率先して仕かけたときは、市場創造・拡大意欲の表れと読む

point 6
いくら流行の兆しが見えても、自社の得意分野かどうかを見極めてから、参入の是非を決めること。他人の芝生は青く見えるもの

point 7
流行の旬が来たときは、その商品とまったく反対の特徴を持った商品を考え、エントリーする（逆張り）

第4章

アイデアを
ひねり出す

市場の変化から
具体的な企画のタネを
見つける

01 アイデア出しの定石
他業界のヒット商品をよく観察する

押さえておくべきポイント →
他業界のヒット商品を観察することで、トレンドの波に乗ることができます。

　前章では、流行の兆しを捉えるため、自分の業界だけではなく、特にターゲットとするお客さんが関心のある業界を注意深く観察することをお勧めしました。

　同じ業界の流行を後追いするのは危険ですが、他業界のヒット商品をいち早く参考にしたり、研究したりするのは、商品企画の常道手段といえます。

　新商品がヒットするのは、その商品・サービスが今までにない価値を提供できたからです。したがって、その新しい価値を自分たちの商品に置き換え、どのようなことが自社商品に可能かを考えると、新商品のネタにつながります。

　たとえば、2010年のヒット商品番付によく登場した『食べるラー油』。節約志向とウチ食ブームの中で、手軽なおかずとして受け入れられました。これは、今まで単なる調味料（液体）として考えられていた商品にいろいろな具を入れ、中身を濃くすることで、ご飯がすすむという効用を生み出しました。

　本来その役目をすべきであったふりかけ業界は、一斉にウェットな濃厚ふりかけを企画しました。最近では焼き肉のたれやドレッシングにも具をたっぷり使ったヒット商品が生まれました。液体＋αが、いろいろな食品に広がっています。

自社商品に転用できることを探す

　大切なのは、ヒット商品がなぜウケたのかを深く考え、その理由が自分たちの業界にも通用するかどうかを見極めることです。

「色」や「形状」、「ネーミング」「キャッチコピー」などは、応用が利きやすい要素です。「今年の流行色は何か」「丸いかシャープか」「中吊り広告やＴＶＣＭで最近よく使われる言葉は」などを意識するといいでしょう。

　少し事例は古くなりますが、黒い綿棒が流行したのは、黒ブームが背景にあります。食品ではあまり使われなかった黒の商品が人気になり、黒いまな板などのヒットもありました。

　このように、ヒット商品のヒットした理由を考え、それを自社の商品などに上手に転用することで、トレンドにうまく乗るということができるのです。

　流行は、その時代の空気を反映しています。バブル時代にディスコで喜んでいる人の映像を今見ると、「よくやるな〜」と感じたり、高度成長時代のキャッチコピーを今見ると、「恥ずかしい」と感じたりする場合があります。しかし、当時は生活者の琴線に触れた演出やコピーだったのです。商品企画担当者は、トレンドというビッグウェーブに上手に乗れる名サーファーになることが大切です。

　ただ、気をつけなければいけないのは、ヒットした理由を安易に、ストレートに自社商品のアイデアに結びつけないことです。売れた本質的な理由を探る姿勢が重要です。そのためには、後述する「気づきシート」を上手に活用することをお勧めします。

02 アイデア出しの定石
気づきシートで
世の中の見方を変える

押さえておくべきポイント →
「気づきシート」を活用することで、情報を共有することができ、アイデアの源泉が蓄積されていきます。

　企画担当者は、街を徘徊すべきだとお話しましたが、ただやみくもにうろつくだけでは意味がありません。私は、右のような「気づきシート」に記入することを前提にタウンウォッチングすることを勧めています。

　タウンウォッチングの重要性を書いたマーケティング本は多いですし、私もメーカー勤務時代によくその重要性を聞かされました。ただ、私の経験上、記入と発表を義務化して回数を重ねないと、街を徘徊していて、自然といろいろなことを気づけるようになるのは難しいと思います。

　そして、タウンウォッチングで得た発見をみんなで共有化すると、日々のふつうの暮らしの中にも、各人、各様の気づきがあることに驚きます。

　本書の冒頭にお話ししたように、「人は見たいものを見、聴きたいものを聴く」性質があります。企画者としてはいろいろなことに興味を持つべきなのですが、物事を深く考えようとするとやはり自分の興味のあるものに目を向けがちになります。

　そこで、気づきシートをみんなで共有すると、自分があまり知らない世界についても情報が得られ、気づきが増えます。

↘ 気づきシート書き方のポイント

	質問	コメント
気になる現象・商品	最近、あなたの周りや世間で人気があるモノ、コトで気になるものを1つ挙げてください。	食品・サービス・映画・音楽……ジャンルはこだわりません。 純粋に自分自身が興味を抱いたモノ、コトを書いてください。
使用者・購入者	それは、主に誰が購入したり、使用したりしていますか?	年齢、性別、ライフスタイル（独身、家族、団塊世代等）など特定できるグループを書いてください。 多くのタイプの人がいる場合、メインになるグループを書いてください。
人気の理由・背景	その商品・サービスはなぜ人気があると思いますか? 考えられる理由を思いつくままに書いてください。 また、思いつくキーワードも挙げてください。 （いくつでも可）	考えられる理由をできるだけ多く書いてください。 ここが一番大切です。なぜ?、なぜ?、なぜ? を繰り返して考えてください。
		＜キーワード＞ （いくつでも可） 思いつくままに! 多ければ多いほどいいです!
自社商品への展開	その人気の理由をあなたの担当商品・分野で生かすとすればどのようなことが考えられますか? 思いつくままに書いてください。	こじつけでもかまいません。 自分の商品と人気の理由をリンクさせることが大切です。

気づきシート記入例(「家政婦のミタ」日本テレビ)

	質問	コメント
気になる現象・商品	最近、あなたの周りや世間で人気があるモノ、コトで気になるものを1つあげてください。	家政婦のミタ
使用者・購入者	それは、主に誰が購入したり、使用したりしていますか?	主婦層　主に女性
人気の理由・背景	その商品・サービスはなぜ人気があると思いますか? 考えられる理由を思いつくままに書いてください。また、思いつくキーワードも挙げてください。(いくつでも可)	視聴者の多い主婦層と、「ミタ」が同年代であった。ありきたりな展開ではなく、壊すときは壊したり、意外な展開にしている。新鮮味。家族が壊れていく描写がリアル。タイトルがパロディー。泣き所がある。非現実と現実の間。(家族の崩壊はリアルだがミタの存在は非現実的。そこにおもしろみ?)
		<キーワード>(いくつでも可)家族　壊れる　仲直り　絆　笑顔　感情　切なさ　共感
自社商品・サービスへの展開	その人気の理由をあなたの担当商品・分野で生かすとすれば、どのようなことが考えられますか?思いつくままに書いてください。	家族:個袋に「パパの分」「ママの分」などと書いて、「家族」を意識させる。仲直り:おせんべいにメッセージ。「ごめんね」「ありがとう」笑顔:おせんべいゲーム!一つ一つに王様ゲーム(すごろく)みたいなのをかいたり?

表面だけでなく、裏まで見る

　ある研修で、気づきシートで昨年大ブレイクした『AKB48』のファンは、「オタク男子」と書いた中年男性がいました。単なるオタクのアイドルなら、あれだけブレイクして数多くのＣＭに起用されることはありません。ご承知だと思いますが、最近は若い女性（小学生にも）ＡＫＢは大人気です。10年前の『モーニング娘。』を彷彿させる（それ以上？）現象です。「自分もなれるかも……」という気持ちが女性にも人気な理由の１つだと思います。

　人気の理由・背景は、表面的なもっともらしい説明にならないように、繰り返し自問自答することが必要です。人間の性（本能）に迫る、本質的な理由を考えましょう。

　商品企画のコンサルティングや研修の現場では、「気づきシート」を事前課題にして発表してもらうのですが、自分で考えず、新聞や雑誌などの解説を引用する人がいます。しかし、そうした発表はすぐわかります。

　上手にできたように見えるシートでも、発表者が体感していないとまったくリアル感が伝わってきません。聞いていて腑に落ちないので、質問するとやっぱり答えられません。自分で人気がある理由を考えていないので、つながらないのです。

　もし、自分で使っていないなら、実際に使っている人にそのいいところをヒアリングするぐらいは必要です。現物を手に入れたり、並んでいる店頭を観察したりすることは、当然すべきです。

　最後に自社商品への展開を具体的に考えると、多くの人は頭を抱え込みます。それは当然です。ここで独創的なアイデアが

次々と生まれるほど、新商品企画のアイデア出しは簡単なことではありません。

はじめは難しいでしょうから、自社商品への展開案はこじつけでも構いません。とにかく、気づいたことを自社商品のネタにするクセをつけるのです。

ヒットの理由・背景を考えるだけでは、ともすればトレンドウォッチャーという名の評論家になってしまいます。企画担当者は実務家です。常に自社商品の課題を意識して世間を見る。そして、最終的には自社商品へ気づきを落とし込むことが大切です。

気づきシートは、ご覧いただいたように大変シンプルなシートですが、使いこなすにはかなりの経験が必要です。まずは、「習うより、慣れろ！」の精神で、積極的に使ってみてください。

次ページに、気づきシートを使って商品企画案を出すプロセスにおいて注意すべきポイントをまとめましたので、参考にしてみてください。

↘「気づきシート」から商品案への各プロセスのポイント

プロセス	ポイント
step 1 気になるモノ・コトを見つける	日頃何気なく過ごしているところにも、商品開発のヒントが転がっている。ただし、高いアンテナを立てて、「気づき」がなければ、チャンスはつかめない。「気づきシート」を書かなければという意識が、あなたの問題意識をかき立てる。
step 2 そのモノ・コトをもっとも支持しているユーザーを推測する	誰が積極的に支持しているか、誰がクチコミの発信源になっているかを考える
step 3 そのユーザーが支持している理由をとことん考える	一見納得しそうな理由でも、もう1回自問して、掘り下げる。例:「体にいいから」⇒「少々、食べても安心」(自分自身への言い訳)
step 4 支持理由から多くのキーワードを考える	支持理由と単純なつながりだけでなく、支持理由から少しでも思いつくワードも書き留める。多く出すことが大切
step 5 出てきたキーワードを切り口に商品アイデアを考える	ひとつひとつのキーワードからアイデアを発想する。例:我社の商品で、「安心」をウリにすると?「選ぶ楽しさ」を自社の商品に取り込むと?
step 6 商品アイデア案を持ち寄りアイデア会議で練り上げる	参加メンバーそれぞれが、アイデアシートを持ち寄り、ひとつひとつ自由討論。他メンバーの「相乗り」を歓迎しよう!「アイデアください!」

03 アイデア出しの定石
アイデアはノリよく一気に膨らます

> **押さえておくべきポイント** →
> アイデア会議は、「批判厳禁」「自由奔放」「あいのり自由」「質より量」「会話を楽しむ」。この5つを意識するといい会議になります。

　気づきシートから多くのアイデアの原石が生まれたら、次は、その原石を磨き上げるアイデア会議をします。私は、よく言われる『オズボーンのブレインストーミング4原則』に1つ加え、アイデア会議の5原則を提唱しています。

アイデア会議の5原則

原則1　批判厳禁

　これは、出たアイデアをその場ですぐ評価しないことです。
　人は、自分がアイデアを出すより、出てきたアイデアを批判、判断、意見する方が好きです。その方が楽だし、何となく優越感に浸れるからです。
　「以前やってうまくいかなかった」「理論的にはわかるんだけど……」「ウチのラインじゃ無理だ」「上がYESと言わないだろう」「値段が合わないだろう」などなど、直接、案を批判する言葉でなくとも、出てくる案にいちいち判断を加えていたら、間違いなく前向きな会議にはなりません。
　「以前やって無理でも、やり方を変えればできるかも」「いい

案なら上も説得できるはず」「値段やラインの話は、もっとアイデアが練り上がってから考えよう」などなど、スーパーポジティブな態度で会議に臨む姿勢が大切です。

　また、上司、部下の関係を会議に持ち込まないことも肝心です。アイデアの良し悪しは、社内の立場と無関係です。商品企画コンサルティングの現場では、上の立場の人がアイデアに判断や意見を挟まないか、いつも注意深く見守っています。

原則2　自由奔放
「アイデアは居酒屋で出る！」と喝破した企画マンがいました。私の経験からも納得できる言葉です。

　メーカー勤務時代、アイデア会議は泊まりがけですることもあったのですが、夕食時に少しお酒を飲みながら話していると昼間のアイデア会議の続きが始まり、思わぬアイデアで盛り上がったことがあります。

　日常の仕事では、読み、書き、計算といった言語や数理的能力、相手を説得する論理的能力など、左脳を使うことが多いですが、アイデア会議は直観・ひらめき、イメージ認識を司る右脳によく働いてもらわないといけません。

　組織で仕事をする場合、左脳がフル回転で働いていますので、アルコールが少し入ってリラックスした方が、より右脳が働くようになるのでしょう。

　現在、私は『THINK & DRINK』というマーケターの勉強会を開催しています。名前の通り、少しお酒を飲みながら、異業種のみなさんと生活者の変化について話していますが、いつも議論が盛り上がり、時間をオーバーします。翌日何を話した

かわからないようなお酒の飲み方は当然ダメですが……。

　もちろん一番いいのは、アルコールなしで自由奔放にアイデアを交換できる会議です。そのためには、原則１を守り、「何を言っても大丈夫」という安心感を作らないといけません。

　コンサルタントとして、いろいろな会社にかかわらせていただきますが、成長している会社の共通点は、自らの守備範囲を決めず、自由闊達に意見を言い合う雰囲気を持っています。お互いに信頼しているため、安心感があるのだと思います。

　私は、初対面の人が一堂に集まる研修や学期はじめの授業では、まず安心感を教室に作り出すことを心がけています。

　安心感を作り出すためには、自らの我を消す「自己開示」を積極的に行うことが大切です。率先して自己開示をすると、「自己開示の輪」が広がり、リラックスした雰囲気になります。

原則３　あいのり自由

　アイデアは、編集作業です。長年商品企画に携わってきて、企画は知的編集作業の結果だと実感しています。まったくの新商品はまれです。ちょっとした組み合わせが付加価値を生むアイデアとなります。

　アイデアを生むためには、まず多くの気づきが必要です。次に、それらの気づきを頭の中の多くの"引き出し"に入れ続けます。そして、いざというときにあらゆる"引き出し"を引っ張り出して、試行錯誤で編集します。

　『オズボーンのチェックリスト』というものがあります。このリストを活用して、多くの組み合わせを考えるのは、商品企画の常套手段です。

↘ 『オズボーンのチェックリスト』

- ☐ 他に使い道はないか？
- ☐ 他からアイデアを借りられないか？
- ☐ 形・色・運動を変えたらどうか？
- ☐ 大きくしたらどうか？
- ☐ 小さくしたらどうか？
- ☐ 代用したらどうか？
- ☐ 入れ替えたらどうか？
- ☐ 逆にしたらどうか？
- ☐ 結び合わせたらどうか？

例えば、ある商品がヒットし定着すると、そのブランドに「プチ」とか「ミニ」とかをつけて少量サイズが生まれます。また逆に、「ビッグ」や「ジャイアント」な商品も登場します。

　私の知っているヒットメーカーは、日夜頭を悩ませ、執念を持って取り組みながら、ちょっと視点を変えてみたり、組み合わせを工夫したりした結果がヒットに結びついた、ごく普通の人たちの集まりです。

　このような編集作業を加速するためのコツは、いい聴き手になることです。他メンバーの発言は、アイデアの宝庫です。人は、他人の話をなかなか聴けないものです。特に、担当商品の企画に熱心になればなるほど、自分だけの思考回路で考えて、視野が狭くなり、固定概念に捉われやすくなります。

「聴く」と「聞く」は違います。「聞く」は、意識せず、自然に耳に入ってくる状態です。一方、「聴く」は、自らの思考は一旦横に置いて、相手の話すことに「無になって」意識的に、耳を傾けることです。

　自分の中で一生懸命考えることは、企画の出発点ですが、アイデア会議では、人の話に耳を傾け、「そのアイデア、いただき」といった、柔軟で積極的な姿勢が大切です。他のメンバーも、商品について日夜頭を悩ませているので、感度の高いアイデアを出してくれます。

　アイデアを出す場合も、"出し惜しみ"は禁物です。アイデア会議は、ギブアンドテイクが基本です。アイデアを出してくれる人には、アイデアで返したくなるのが人情というものです。

原則4　質より量

　原則1～3を忠実に守って会議を進めていれば、自然にアイデアの量は増えます。逆に、アイデアが少ないと感じた会議なら、あまりうまく運営できていないと考えた方がいいです。

　私は、アイデアは富士山のようだと思っています。富士山は、日本で一番高い山ですが、裾野は美しく、とても広いです。いいアイデアというのは狭い裾野からポンと出てくるものではありません。玉石混交のアイデアをいろいろ組み合わせた結果、優れたアイデアが生まれるのです。

原則5　会話を楽しむ

　いいアイデアを生み出すためには、雰囲気のいいアイデア会議であることが大前提です。

　そのためには、ここまで述べた4つの原則に則って、「自由奔放にアイデアを出し合う」「出たアイデアを決して批判しない」「人のアイデアにドンドンつけ足す」「質より量を重んじる」という流れを大事にすることです。

　そして何より、アイデアのキャッチボールを楽しんでください。新商品は、お客さんに夢や喜び、驚きや快適さを提供する道具です。作り手が楽しんでいなければ、素敵な価値を提供できる商品やサービスを作れるとは思いません。

　私は、コンサルティングの仕事をするようになって、いろいろな会社の人たちとのアイデア会議を経験しました。

　止まらない会話の中に奇想天外なアイデアが飛び出し、メンバーの笑いに包まれる……。そんな理想的なアイデア会議では、時が経つのも忘れます。いい会議の後は、お酒の入った懇

親会でも引き続きアイデア交換がなされ、たわいもない話からさらにユニークなアイデアが出るものです。

ただし、いつもそんな刺激的なアイデア会議ばかりとは限りません。コンサルティングや研修でアイデア会議をやっていると、会議の良し悪しは、参加者の考え方や取り組み姿勢に大きく影響されることを実感します。

そして、参加者に大きく影響しているのはその会社の社風です。上下関係が厳しい会社では、自由な意見が言える雰囲気作りに苦労しますし、保守的な会社では否定的な意見がすぐに大勢を占めます。以前、個人事業主ばかりの会議で、自社のアピール合戦に終始し、アイデア会議にならなかったこともありました。

アイデア会議は、商品企画の専売特許ではありません。さまざまな問題を解決するときにも必ず必要です。また、アイデア会議はすぐに始められる活動です。そして、経験すればするほど、自分たちなりのノウハウが蓄積して上達します。まずは、JUST DO IT！

04 アイデア出しの定石
アイデア会議の運営のしかた

押さえておくべきポイント →
アイデア会議を運営するには、「メンバー選び」「会議の目的」「雰囲気作り」「上手な進行役」「上手な書記」を準備しておくことがポイントです。

　ここでは、前項のアイデア会議の5原則を守る以外に、具体的な会議の運営するときに気をつけるべきことをお話ししたいと思います。

アイデア会議運営の6つのコツ

① メンバーの厳選

　企画スタッフだけでなく、関連部門である研究所、広告、営業などから、できるだけ幅広くメンバーを集めた方が、いろいろな視点のアイデアが集まります。その際、メンバーに優等生はいりません。口は悪くても、話好き、はやりもの好きを集めることがコツです。

② 目的の共有化

　これはアイデア会議だけではなく、他の会議でも必要なことです。会議のゴールを事前に共有して、メンバーの中に、会議の目的がわからない"お客さん"を作らないことです。
　目的がしっかり共有されていないと、雑談になりがちです。

③ 非日常的な空間を作る

アイデア会議は、できるだけ隔離された非日常的な空間で実施すべきです。

新しい価値を生活者の視点で考えるのがアイデア会議ですから、供給者側の発想になりがちな職場でアイデア出しをすることは好ましくありません。理想を言えば、非日常的なリゾート地で、心身を解き放って考えることが望ましいです。

時間、費用などの制限で無理な場合でも、少なくとも会議室を借りて、外部との連絡を極力遮断して、職場の延長線にならない環境にすることが重要です。職場との連絡は、時間を決めて、むやみに連絡させないようにして、できるだけ日常に戻されないことも大切です。服装はカジュアルで、リラックスかつ集中して実施することが望ましいですといいでしょう。

理想は、泊りがけです。夕食後のリラックスしたときに一気にアイデアが盛り上がることがよくあります。「同じ釜の飯」を食べると人間の距離感は急速に縮まります。"わいがや"会議で有名なホンダは、新車開発のプロジェクトメンバーとよく合宿をするそうです。私も秋のチョコレート商品群を企画するスタート時点で、合宿をしました。

宿泊するような会議は頻繁にはできませんが、ここぞというときは、思い切って合宿にすることで、プロジェクトメンバーの求心力も高まります。

④ 参加者がムラなく発言できる工夫をする

メンバーを厳選したとしても、発言は特定の人に偏りがちです。参加者がムラなく発言するためには、会議を活性化する役

目を負うファシリテーターが物理的に気を配れるよう、人数は10人以下が望ましいと思います。

さらに、意見が思い浮かばないときの逃げ道として「パス」を認める制度を作ったり、最初にポストイットを配り、一定期間、浮かんだアイデアを書いてからスタートをしたりといった工夫が必要です。

また、板書をする人は、発言内容をいちいち選別したり、まとめたりせずに、ホワイトボードに殴り書きで構いません。まとめる作業は左脳ですので、まずは直感の右脳を働かせましょう。発言した内容が板書されないと、何となく参加意欲が下がるものです。

アメリカのビジネススクールでは、発言しない学生は、考えのない劣等生と見なされますが、奥ゆかしい日本人は、いろいろ考えていても、表現が苦手で発言しない人も多いです。そんな人たちの英知をしっかり引き出すのも企画担当者の役割です。最近は禁煙者も多いのでそれほどではないですが、休憩中に喫煙室で盛り上がる会議は最低です。

⑤ 今使えないアイデアは貯めておく

質より量を目指すアイデア会議ですから、多くのアイデアが生まれます。

注意すべきことは、今回のテーマには直接関係しないからといって、安易に捨て去らないことです。アイデア会議時点の世のトレンドにはマッチしていないかもしれませんが、時代が変われば見方が変わる場合も多いです。

リバイバルでヒットした商品も多くあります。気になったア

イデアは、自分の中で温めておいて、しっかり熟成させ、採用する機会をうかがう執念深さも、企画担当者に必要な気質です。

⑥ アイデア会議には2種類ある

アイデア会議のルールを説明すると、「何でも無批判に受け入れていては、ろくな企画案にならない」といった意見を耳にすることがあります。

これは、「アイデアを集める会議」と「練り上げる会議」を混同しているからだと思います。私の考えるアイデア会議には、2種類あります。

1つは、今説明していたような、質より量を求め、裾野を広げる会議です。もう1つは、出てきたアイデアを魅力的なコンセプトに練り上げる会議です。後で説明しますが、商品化するためにアイデアをコンセプトとして練り上げる会議では、お客さん目線とライバル目線でしっかり吟味し、辛辣な意見を戦わしながら、新しい価値を生み出すコンセプトを作り上げなければなりません。

05 アイデア出しの定石
8割の「メジャー感」と2割の「違和感」

押さえておくべきポイント →
企画を考える主体は、あくまでも担当者にあります。周りの意見に流されすぎず、多少反対されるぐらいの違和感が必要です。

　周りの意見を聞きすぎて、特徴がなく、既知感のある企画にならないように注意しなければなりません。

　商品企画は、この世にないものを生み出すという意味で、子育てと同じです。子育て同様、商品企画も100％型にはまったマニュアルはありません。だから、迷い、人にアドバイスを求めたくなります。しかし、往々にして、これが企画の迷走の始まりになります。

　社内には、商品企画に一家言持つ人が多くいるはずですから、"アドバイスの嵐"が吹き荒れます。さらに大変なのは、商品企画はあくまで仮説なので、市場で検証するまでは、どの仮説ももっともらしく聞こえることが多いことです。

　親とこどもが密着しすぎると、いろいろ問題が生じることがあるように、商品企画でも、商品と担当者の距離が近くなりすぎて、顧客視点が抜け落ちる場合があります。ですから、周りのアドバイスは、近視眼的な発想に陥るのを防ぐには有効ですが、あくまで考える主体は、担当者自身にあります。

　企画には新しさ、つまり好ましい"違和感"が必要です。"違和感"がないとお客さんの目には留まりません。

しかし、人間は未知なものに対して、本能的に抵抗する生き物です。会議などで企画を提案すると、出席者の目は企画の"違和感"に集中し、不安から多くの懐疑的意見が出ます。

　企画の現場から遠いほど、過去の経験や業界の慣習などを基準に、"もっともらしい"意見が出がちです。すでに7～8割は業界でメジャーな特長を採用しているのですから、さらにもっともらしい意見を採用することで、残りの2～3割の"違和感"まで失ってしまうと、どこかで見たような「既知感」のある、特長のない商品になってしまいます。

上司よりもお客さんの声に耳を傾ける

　上司が言っても企画を変えてはいけません。組織人としては、上司の言うことにしっかり応えることは大切ですが、企画の中身について従うべき言葉は、ターゲットとなるお客さんの意見であり、上司の意見ではありません。もちろん、上司の言葉が、気づかなかった視点であれば、大いに参考にすべきですが、あくまで主体は担当者とお客さんの声です。

　上司や私のようなコンサルタントの意見で、企画の大切な部分が、ころころ変わるということは、まだまだ企画そのものが熟していない証拠です。

　成功するかどうかわからない中、企画の内容をひとつひとつ決めるのは、本当に孤独でつらく、勇気がいることです。だから、スーパーポジティブで胆力が必要なのです。

　そのためには、一消費者でもある自分がほしいと思う企画でないといけません。自分で決めることで企画に入り込めるようになり、執念が生まれ、結果がどうあれ、後悔しないのです。

06 アイデア出しのタブー
既成概念を捨てられない

押さえておくべきポイント →
企画は既成概念との戦いです。自分の持つ既成概念、社内の人の持つ既成概念、お客さんの持つ既成概念を壊す意識が大切です。

　既成概念は、いくら振り払っても忍び寄ってきますから、常に自問自答するようにしましょう。

　既成概念とは、英語では「ステレオタイプ」といい、性別や人種、社会的階層に起因する偏った見方のことで、あまりいい意味ではありません。企画担当者にとっても、偏った思い込みは避けなければなりません。

　業界のリーダーブランドやロングセラーブランドの担当者は、特に既成概念にとらわれていないか気をつけなければなりません。なぜなら、商品のユーザーも既成概念に支配されて、表面的に満足している場合が多いからです。

　しかし、これは逆に考えると、チャレンジャーにとってはチャンスです。リーダーやロングセラーブランドが持っている既成概念をどう突き崩すかが、企画のネタになります。

社内でもめる企画を考える

　社内の企画会議でのプレゼンは、既成概念のかたまりにぶつかっていくことだと覚悟が必要です。営業や製造部門との企画会議は、既成概念との戦いなのです。といっても、別に彼らは

担当者の企画をつぶすことが目的の「抵抗勢力」ではありません。自分たちの責任を自覚しているがゆえに、既成概念的な意見になりやすいだけです。

　営業部門は、バイヤーを説得して、その商品を定番導入する責任があります。バイヤーが企画内容を受け入れてくれるように、腑に落ちる説明をしなければなりません。新しい売り場を作る提案など、今までにやったことがない企画であればあるほど、バイヤーは抵抗することが容易に予想されるので、営業マンも易々と新しい企画に納得しません。

　製造部門は、ロスを極限まで減らしつつ、高い品質を維持する責任があります。したがって、今までにない製法であればあるほど、不安になり、および腰になります。できれば、あまり製造ラインや方法を変えたくないのが本音だと思います。

　プレゼンだけで彼らの不安を完全に解消することはできませんが、顧客調査をベースに「売れそう！」と思ってもらい、彼らの中に不安に立ち向かう勇気を醸成することが大切です。

　ここでは、「伝える力」が必要とされます。もちろん、経営層のサポートをしっかり取りつけることも必要です。前述したように、いろいろな業界のベテラン企画担当者が、「社内でもめた企画ほどヒットする」と口を揃えて言っていたことを信じ、冒頭に説明した、企画担当者に必要な能力を総動員して、既成概念にぶつかっていきましょう！

お客さんの既成概念はアイデアの苗床

　ところで、社内の人たちの既成概念は、このようになかなか厄介なものですが、お客さんが持っている既成概念は、実はア

イデアの苗床だということを認識しておきましょう。

　ロングセラー商品は、陳腐化との戦いですから、常に新しい情報を提案しなければなりません。しかし、リニューアルの難しいところは、お客さんが既成概念を持って商品評価している点です。特にロイヤルユーザーほど、抵抗感があります。

　なぜなら、彼らは今の商品が気に入っているから、ロイヤルユーザーなのであって、大きく商品を変えることは「いらぬお世話」なのです。しかし、ひるまずに"いい意味での裏切り"を提案して、お客さんの琴線に触れれば、「実は今の商品には飽きていた。こんな商品がほしかった」と言ってもらえるのです。でなければ、新しい価値観の差別化されたライバル商品に、ロイヤルユーザーを含めた多くのお客さんを取られてしまいます。

　第1章で述べた、人間の性といえる「慣性の法則」は、強力かつ抗し難いので、人はすぐに既成概念にとらわれてしまいがちです。

　「ゆでガエル寓話」をご存じでしょうか？　2匹のカエルを用意し、一方は熱湯に入れ、もう一方は冷水に入れ緩やかに温度を上げていく。すると、前者はすぐに飛び跳ね脱出して生存するのに対し、後者は水温の上昇を知覚できずに死亡するというものです。大きな変化には気づくが、小さい変化には気づかないという人間の弱さに対する警鐘で作られた話です。常に高い目的意識と危機感を持って市場を見ることで、既成概念にとらわれることを防ぎ、ゆでガエルになることを避けましょう！

　最後に、社内や調査で、既成概念に陥らないポイントをいくつかご紹介します。

既成概念に陥らないようにするポイント

point 1

社内で企画案を提案したときの反応に注意する

①みんなが諸手をあげて賛成してくれたら不安になること
⇒既成概念の枠の中のアイデアである可能性が大きい

②営業マンの「どこに並べる?」は、ほめ言葉と心得ること
⇒既成の価値ではないので、営業マンも既存商品の単なる差し替え商品でないと認識している

③製造部門の「できない」は、「新しい価値がある」と解釈すること
⇒すぐに作れる商品は、すでに他が作っているか、すぐにマネされる商品

---

point 2

ユーザーの既成概念に注意する

①ヘビーユーザーは、新しいアイデアに対して、まず「反対する」と心得よ
⇒長く愛用しているものは、理屈抜きにいとしいもの。必ずしも、満足しているとは限らない

②商品から離れていった人の意見こそ、丁寧に耳を傾けよ
⇒ユーザーの飽きた理由は、新商品やリニューアルのいい切り口になる

③チャレンジャーなら、熱烈な支持者が少数でも思い切って進もう
⇒チャレンジャーの支持者は、最初は少ないのが世の常。差別化点が明確で魅力的だからこそ、熱烈な支持者ができる

第5章

コンセプトを練り上げる

いいアイデアが出たら
コンセプトを作り
魅力的かを調査する

01 コンセプト決定のタブー
企画の核となるコンセプトをあいまいにする

押さえておくべきポイント →
コンセプトは、商品の一番のウリと考えて、どんな人にも明確に伝わるように考えぬくことが重要です。理想は一言で表現できることです。

　コンセプトは、お客さんがお金を出してでも欲しいメリットです。私は、商品の一番の"ウリ"と言っています。お客さんは、その"ウリ"の対価としてお金を支払うのです。

　したがって、コンセプトは常にお客さん視点で評価しなければなりません。コンサルティングの場面では、クライアントにとって外部の人間である私は、「内部のみなさんにとっては大変なメリットかもしれませんが、業界に精通していない、生活者と同じレベルの私にとっては、残念ながらまったく魅力を感じません」と冷たく突き放すことがよくあります。

　また、商品コンセプトはその商品の存在意義を示す、企画の核となるものです。コンセプトがあいまいだと、そこを基点とした具体的な商品仕様まであいまいになってしまいます。

　商品の中身やネーミング、パッケージデザインなど、企画を具体的に進めていく過程で迷った場合は、コンセプトとフィットしているかどうかが判断基準になります。私は、いつも「迷ったらコンセプトを思い出せ」と言っています。長い企画の旅の原点、港のようなものです。

コンセプトは一言が理想

　お客さんにコンセプトを伝えることは簡単ではありません。上司、営業や製造部門、デザイナーやＣＭクリエーター、バイヤーなどに理解を得られなければ、なおさらお客さんには伝わりません。

　誰にでも理解してもらうためには、明確なコンセプトと伝える力が必要です。私は「いろいろと商品の特長を説明してくれたね。で、お客さんに提供したいこの商品のメリットを一言で言えば何ですか？」と尋ねます。

　この「一言で表現できる」ことが最終ゴールだと思います。ただ、私の経験上なかなかそんな一言で表現できる、切れ味鋭い"抜けた"コンセプトは作り出せません。そればかりか、コンサルティングの現場では、コンセプトと商品の特長を混同し、難解な特長を長々と説明されることもしばしばです。

　いいコンセプトを作るには、あきらめずに企画を詰める最後の最後まで、言葉を探し続けることが大切です。大人向けの商品でも、小学生に説明してもすぐ理解できるぐらいがいいと思います。

　ただ、いくらコンセプトを明確にしても、すでに市場に同じコンセプトの商品が存在していれば、割って入ることは難しいです。たとえ参入できたとしても、価格競争の泥沼に突入するのが関の山です。

　商品企画は、提供するコンセプトの競争といえるかもしれません。新しい評価軸を提案するコンセプトの商品を企画できれば、ライバル商品を一気に陳腐化できます。市場を守る側は、新しいコンセプトが出てこないか、常に注意が必要です。

02 コンセプト決定の定石
3つのキーワードを連動させる

> **押さえておくべきポイント** →
> 誰に、どんなメリット、どんな方法で提供するのか? これらが明確で、連動していることが、コンセプトを練り上げる上で重要になります。

　コンセプトを決めるためには、今まで考えたアイデアを整理します。「誰に(ターゲット)」「どんなメリット(コンセプト)」「どんな方法(使用シーン)」で提供するかを考えます。

3つの要素を連動させる

　大切なことは、「コンセプト」「ターゲット」「使用シーン」の3つの要素がしっかり連動することです(次ページ図)。

　せっかくターゲット像がはっきりして、コンセプトが明確になっても、商品の使用シーンがそのターゲットにふさわしくなければ魅力的な商品に仕上がりません。当然のことのように聞こえますが、商品の仕様を具体的に詰めていくと、目の前の課題に目を奪われ、3つの要素の整合性が取れない企画に陥る危険性があります。

　実際、コンサルティング企業や研修の実習で、コンセプトシートを発表してもらうと、この3つの連動があいまいなことが多いです。

↘ コンセプト・ターゲット・使用シーン

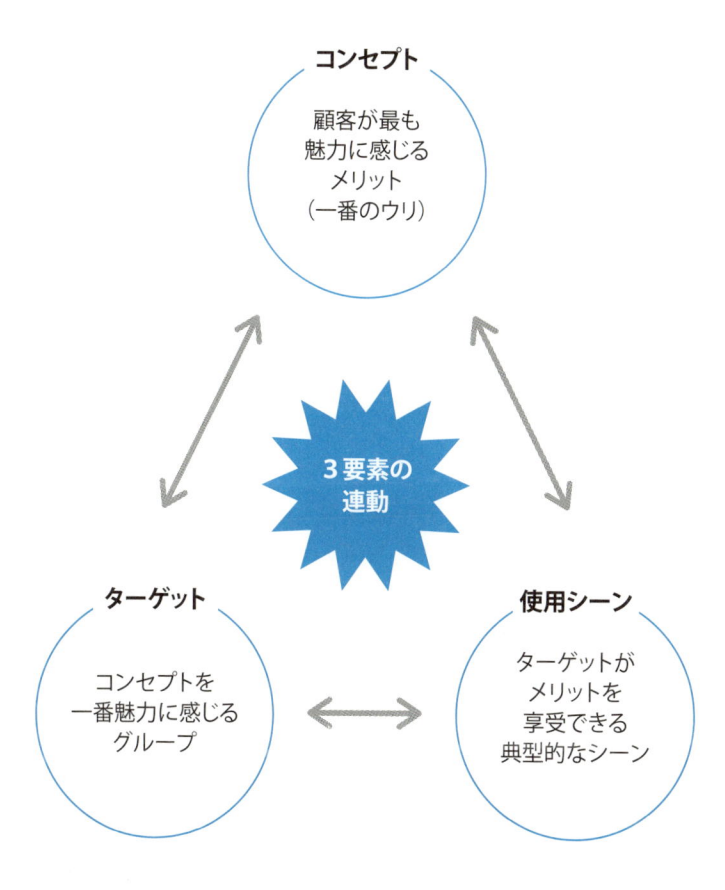

コンセプト

顧客が最も
魅力に感じる
メリット
（一番のウリ）

3要素の
連動

ターゲット

コンセプトを
一番魅力に感じる
グループ

使用シーン

ターゲットが
メリットを
享受できる
典型的なシーン

5 コンセプトを練り上げる

そして、厄介なのは3つの要素の内、1つでも変えるとつじつまが合わなくなることです。

　例えば、ターゲットの幅が広すぎたので狭めて明確にしたら、そのターゲットはとてもそんなシーンでは使わないといったケースが出てきます。ターゲットが広いうちは気にならなかったのですが、明確にすると急に矛盾が出てくるのです。そうすると、もう一回3つの整合性をとるために企画を練り直す必要が出てきます。

　コンセプトを変更する場合も同じです。一度コンセプトを変更すると、その変更したウリに対して、今まで決めていたシーンやターゲットが合わなくなるケースが出てきます。

　私は、うまくコンセプトができれば、15秒のコマーシャル（CM）もすぐ作れると言っています。

　つまり、コンセプトが明確であると、CMコピーが決まります。ターゲットが明確だと人物像が明確になるので、使いたいタレントをすぐ選べます。使用シーンが明確だとそのタレントにどのような場面で演技してもらいたいかが想像できます。

　CMを作るような商品は稀でしょうが、CMがうまくできるかを念頭に置きながら商品のコンセプトを考えてみてください。

　次ページに、コンセプトを決めるのに使える「コンセプトシート」を掲載しました。これは「コンセプト」「ターゲット」「使用シーン」の3つの要素を明確に表現した商品企画の設計図です。書き方のポイントも記載したので、ぜひ使ってみてください。

↘ コンセプトシートと書き方のポイント

商品名・キャッチコピー
①すぐに覚えていつまでも　②食品では、シズル感が大切　③ワードパワーを意識して
④趣味のネーミングに注意　⑤コンセプトとの整合性

ターゲット・使用シーン
ターゲット：
①具体的にイメージがわくこと（年代・性別・ライフスタイル・ヘビー・ライトなど）
②享受できるメリットと整合性があること

使用シーン：
①具体的にイメージがわくこと（時間・場所・誰と・どのような気分で）②同時に消費・使用する商品も可能なら加える

商品コンセプト
一番の"ウリ"
①メリットは、シンプルに！
②メリットは、ユーザーの立場から！

商品特長・ポイント
①お客さんが欲しいと思う特長だけを考えて！
②コンセプトとの整合性を忘れない
③わかりやすく、詳細に

競合品・競争上有利な点
競合品：
①ジャンルを広く考えること
②ハード分類だけでなく、ソフト分類も視野に入れる（購買動機が同じなら、ジャンルが違っても競合品）
③競合品は明確にする（差別ポイントが明らかになる）

有利な点：
①ユーザーの立場に立って、ベネフィットを冷静に比較
②"差別化のための差別化"に注意する
③営業のセールストークになるようにわかりやすく、簡潔に

案の説明・図解
（図を使ってよりリアルに）
価格と内容量：
①お客さんが買いたくなる価格と量のバランス
②競合品を意識する

コンセプトを練り上げる

花王の『ヘルシア緑茶』とサントリーの『黒烏龍茶』は、共に特定保健用食品（トクホ）を取得している健康茶葉飲料ですが、それぞれの3要素はかなり異なります（次ページ図）。
　このことは、わずか15秒のCMを比較するだけで、十分理解できると思います。一度、CMを比較してみてください。

コンセプトは共有する

　企画とは関係のないように感じるかもしれませんが、営業もコンセプトシートを使いこなすことが大切です。コンセプトシートの「コンセプト」と「競合品・競走上有利な点」は、営業がセールストークを考える上で必要な情報です。

　新商品を売場に置いてもらうには、その商品を導入する意義を伝えて、バイヤーを説得しなければなりません。そのためには、商品の存在意義を表現した「コンセプト」をバイヤーに理解してもらう必要があります。

　さらに、「競合品・競走上有利な点」をしっかり説明すると、バイヤーに「競合品と差し替えたら売場効率が上がる」と感じてもらえて、商品導入につながります。

　ところが、このセールストークをしっかり作らない企業が、中小には多いです。もともと中小企業は大手に比べて商談時間は圧倒的に短く、大変不利です。にもかかわらず、セールストークや見本品をきっちり準備せず、半ば"丸腰"で商談してもうまくいくわけがありません。

　実際、私がかかわった会社では、いい商品だったので商品のテコ入れはせず、営業の商談準備をきっちりすることだけで、商品の分布率が上がり、売上が急拡大した例がありました。

『ヘルシア緑茶』と『黒烏龍茶』の比較

ヘルシア緑茶 / **黒烏龍茶**

	ヘルシア緑茶	黒烏龍茶
コンセプト	脂肪を消費しやすくする 「カラダは変えられる」	脂肪の吸収を抑える 「食卓の特保」
ターゲット	脂肪を気にする方 緑茶：中年男性・女性・家族 ウォーター：若年男性 スパークリング：若年女性	脂っこい食事が好きで、メタボを気にしている人 血中中性脂肪が高めの人
使用シーン	日常の生活とともにスポーツやウォーキング中	食事とともに
商品特徴	特定保健用食品（トクホ） 高濃度カテキン 日本人間ドック協会推奨	特定保健用食品（トクホ） ウーロン茶重合ポリフェノール どんな料理にもよく合う

また、開発や設計の技術陣にもコンセプトシートを十分に理解してほしいです。コンセプトシートは商品の設計図ともいえるものですから、技術陣は描かれている内容をハード面において、忠実に形にする必要があります。

　生産段階になると、納期と安定生産のプレッシャーから、技術陣は妥協しがちです。企画担当者は、「コンセプト」と「競走上有利な点」が、忠実に表現されていなければ、つらくとも妥協してはいけません。

　私はムースポッキーのときに、厳しい判断を経験しました。ムースポッキーの"ウリ"は、その名の通り、ムースのような口どけのいい、柔らかい食感のチョコレートでした。ところが、これがなかなか実現できず、開発、製造、工場の人たちが、徹夜作業もいとわず努力に努力を重ねてくれていました。

　ある日、企画責任者の私が最終判断をするため、工場に呼ばれました。重い気持ちで工場に向かうと、みなさん眼を血走らせて私を囲みました。そして、今できたばかりのサンプルを試食し、研究所と一緒に決めた食感になっていないことに気がつきました。みなさんの努力を考えると、一瞬OKする誘惑に駆られましたが、やはり一番のウリに自信が持てないと、とても売れないと思い直し、今一度試作を続けるようお願いしました。

　プロジェクトメンバーのみなさんも、この商品のウリは十分理解していたので、私の説明に納得し、さらに努力を重ねてくれました。その後のヒットを考えると、あそこで妥協しなくてよかったと思うと同時に、コンセプトをよく理解してくれていたメンバーと一緒に仕事ができたことに感謝しています。

03 コンセプト決定のタブー
イメージターゲットの リアル感が足りない

押さえておくべきポイント →
リアルなターゲット像を設定することで、コンセプトがより明確になります。

　モノ余りの時代の今日、生活者のニーズを読むことは至難の業です。市場が伸びているときには、「女子高生」や「20代OL」など、大括りのターゲット設定でも通用しましたが、今や「女子高生的行動をするOL」もいれば、「OL的感覚の主婦」もいます。生活者の価値観が多様化して、年齢や職業などで括って、簡単にニーズを探せないのが現実だと思います。

　そこで、ニーズをより想像しやすくするために、自分たちの商品をどんなお客さんに買ってもらいたいか、具体的なプロフィールを作成することが重要だと思います。プロフィールの設定では、周りに本当にいそうな「リアル感」と、イメージ像が生き生きと浮かび上がるような「詳細設定」が必要です。

　最近は、ターゲットを詳細に決めてマーケティングする戦略を「ペルソナ戦略」と呼んでいます。ペルソナとは、仮面・役柄の意で、商品開発の際に設定する架空の人格。名前・年齢・性別・趣味・住所などからはじめ、細部に至る人物像を作り出し、その人格に感情移入することでユーザビリティーに優れた製品・商品の開発に結びつける。（大辞泉より引用）

　参考までに、私があるメーカーさんと一緒に作ったターゲット像を示します。

具体的なターゲット像の例（ある食品メーカーの例）

ターゲット像		妻であり、娘を持つ女性（52歳）
プロフィール	家族構成	夫（55歳：上場企業部長）、娘（25歳、）娘（23歳）、犬一匹
	衣・食・住	衣：特にブランドにこだわりはないが、流行にとらわれない、ずっと愛用できるものを選ぶ 食：こだわりあり。自分で作るのも、お友達とランチするのも好き。時には、自宅でホームパーティーも 住：東京都内（広尾）。インテリアは、清潔感を漂うシンプルなもの。上質素材と飽きのこないデザイン
ライフスタイル	車	コンパクトカー（セカンドカー）
	趣味	海外旅行、料理、着物、映画・音楽鑑賞
	雑誌	「ミセス」「クロワッサン」
	化粧品	「ランコム」「資生堂」
価値観	生活願望	友達、親戚、家族と良好な関係を保ちたい（さりげない気配りを重視） ギフトを贈るポイント：有名ブランドにこだわらないが、さりげなく自分のセンスを主張できるパッケージや中身であること

価値観・感性の違うメンバーとベクトルを合わせる

　プロジェクトメンバーとのベクトルを合わせるためにも、ターゲット設定は有効です。プロジェクトには、理詰めの技術屋や感性重視のデザイナーなど、思考回路が異なるメンバーが集まっています。

　商品企画担当者は、そんな多種多様なプロジェクトメンバーに商品企画の方向をしっかり共有してもらうことが、彼、彼女らの能力を引き出し、自分の思い通りの商品を作るカギとなります。

　しかし、これが一筋縄ではいきません。アイデア会議では、なんとなく同じ感覚を共有していると思っても、いざ具体的に、商品が見えてくると、「こんなはずでは」と感じるケースがあります。

　これは、同じ言葉でも価値観や感性の違いから、人により解釈やイメージが異なるからです。例えば、「かっこいい」という言葉ひとつとっても、理系技術者がイメージするかっこよさと感性で勝負するデザイナーのそれとは異なることが多いです。

　そんなとき、その商品の使用者の具体像をメンバーで共有していると、解釈の違いが少なくなります。議論が紛糾してきたときに、「自分たちの好みは脇に置いといて、我々が考えたイメージターゲットはどう感じるだろう？」と視点を変える質問ができるのです。

　さらに、ターゲットを明確に決めると、ニーズや競争相手、売り先も決まってきます。ターゲット像が明確になってくると、そのターゲットの行動様式や嗜好が想像しやすくなりま

す。そのターゲットが、どんなニーズを持っていて、どんなところで、どのような基準で買い物するかを想像できると、必要な商品のメリットや競合アイテム、好ましい売り先などが思い浮かびます。

　ターゲットプロフィールを設定するまでは、思いもよらなかったニーズや違うカテゴリーの競争相手、売り先が出てくるかもしれません。

04 コンセプト決定の定石
発言の本音を探る
クセをつける

押さえておくべきポイント →
グループインタビューなどの調査では、調査対象の本音を見極めることで、
できあがったコンセプトが的確かをはかることができます。

　コンセプトシートをしっかり練り上げたら、そのコンセプトが担当者やプロジェクトメンバーだけの"思い込み"にならないよう、ターゲットに確認する必要があります。

　調査費がある場合は、自分たちのイメージするターゲットに近い調査対象者をしっかり選び（スクリーニングと言います）、専門のインタビュアーと呼ばれる人に依頼して、グループインタビューを実施します。

　そんな余裕がない場合でも、社内外のターゲットに近いと思われる人たちに、直接意見を聞いてみることは最低限必要です。自分で調査する場合は、コンセプトシートの内容をできるだけわかりやすく、視覚に訴えたボードを作り、イメージしやすいようにして、聞くようにします。担当者は、商品に思い入れがあるので、好ましい答えを誘引しないよう、客観的に聞く注意が必要です。

　私は、お金に余裕がある場合でも、企画担当者自らがグループインタビューを企画、実施することを勧めています。というのは、実際に企画書やタイムスケジュール、質問内容を自分で考え、司会する経験があると、仮に調査会社に依頼する場合で

も、中身をよく理解しているので丸投げにならず、インタビュアーの質を見抜く目も養われます。もちろん、専門家と比べて客観性に乏しいので、結果については割り引いて考える必要がありますが、いい経験になると思います。

　実際、私はインタビュアーの専門家ではありませんが、十数年の企画の仕事を通じて、数多くのグループインタビューを観察し、自分もやってみたので、コンサルティング先では私がやることもあります。そして、今では簡単なグループインタビューなら、クライアント企業の人が自ら実施し、いろいろと気づきを得ています。ぜひ、みなさんもトライしてください。

「好き」より「大好き」の数に注目する

　最近のグループインタビューでは、「絶対買いたい」や「大好き」（トップボックスと言います）と表現してくれる人がどれだけいるかがポイントとなっています。

　モノが溢れ、購買動機がなかなか見つからない成熟した消費社会では、強烈な支持がなければ購買につながりません。購買どころか、その存在すら気づかれません。

　以前は、その商品の支持率を「大好き」と「好き」の合算で推定していましたが、最近は「大好き」がどの程度いるかで商品の魅力度を評価している企画担当者が多いようです。ある特定層に猛烈な支持者が出るぐらいの特長がないと、商品デビュー時の"登場感"もありませんし、クチコミにも乗りにくいと考えているからでしょう。

　日本人は、なかなか「No」と言えない国民です。調査で報酬をもらっていたらなおさらです。しかし一方で、実際に身銭

を切る購買に対しては、日本人の選択眼はとても厳しいです。

ですから、グループインタビューでは、出席者の"建前"と"本音"をどう見極めるかが、傍聴者に要求されます。

調査経験の少ない人は、発言内容を鵜呑みにしがちですが、ホンネは1割ぐらいと考えて、調査に臨むのがいいのではないでしょうか。ただ、その1割は、"人間の性"に裏打ちされたホンネですから、企画を改善するための貴重な情報となります。いつも頭の中で、発言を「本音と建前のリトマス紙」にかけるクセをつけましょう。

次ページからは、参考までにグループインタビューのプロセスとポイントを説明します。アイデア会議と同様、「習うより、慣れろ！」です。ぜひ、挑戦してみてください。

私のクライアントは、試食セールの際に、お客さんに声をかけて、メンバーを募って、公民館などの会議室に場所を設定して、自分たちで実施しています。専門家に依頼して得た結果とは比較できませんが、少なくとも社内の人間だけで議論するより多くの気づきが生まれています。

グループインタビューのプロセスとポイント

プロセス / **ポイント**

step 1 調査の目的を明確にする
どのような情報を得て、何を決めるのかを明確に決めておく
例：コンセプトの方向性を決める、リニューアルの切り口を探すなど

step 2 調査の概要を決める
・誰に聞くか
・時期はいつか（いつ結果が欲しいか）
・費用（自分でやるか、依頼するか）など

step 3 調査内容と流れを決める
・聞きたい内容の整理
・調査の流れ（時間配分）などを決める
導入⇒使用実態⇒各案の絶対評価⇒
相対評価

step 4 調査を実施する
意思決定にかかわる人や技術者やデザイナーも極力参加する

step 5 調査結果を分析する
・調査の流れに沿って、発言内容を分析する
・できるだけ多くの視点で評価する
・支持の多い、少ないだけで判断しない

step 6 意思決定をする
「評価された特長」「改良の方向」をしっかり見極めて、製品の具体化に盛り込む

独断と偏見! グループインタビュー（グルイン）の法則

　数多くのグループインタビューを経験を元に、私が考えるグループインタビューの法則を披露します。人間って、ほんまおもろいですね！

法則1　東京より大阪の方が参加者同士がすぐに仲良くなる

　見知らぬ人が、6〜8人集まり始まるのがグループインタビューなので、最初は緊張しがちです。ただ、大阪の人の方がすぐに仲良くなる気がします。特に、"関西のおばちゃん"は、すぐにお互い仲良くなります。全員揃うまで待っている間に、仲良くなっている場合もあります。得意の「あめちゃん外交」（飴を配る）もあります。

法則2　主婦の自己紹介は長くなり、脱線する

　主婦がおしゃべり好きなのは、全国共通です。最初に、緊張をほぐすため自己紹介をしていただくのですが、自分の近況報告や姑や旦那のグチ、こどもの受験問題など、話がどんどん広がる人がいます。そして、それを聞いていた他の出席者は、対抗してさらに長くなるといったケースがあります。

　そうならないように、主催側がしっかりコントロールして話が脱線しないようにする必要があります。

法則3　最近のOLは疲れていて、意外と話が広がらない

　男女雇用均等法により、男女の区別なく仕事をこなすようになり、元気な女性も多いですが、思考、行動パターンが、「お

じさん化」している人も多い気がします。以前は、もう少し華のある話が多かったような気がします……。

法則4　若い女性同士は、よくけん制し合う

グループインタビューの前半、出席者同士の探り合いがあるのは普通ですが、出席者の中に少し派手で元気な人が2人いると厄介です。

2人のウマが合えば、雰囲気を盛り上げてくれて助かるのですが、正反対のライフスタイル、例えばシンプル系とゴージャス系だったりすると、お互い仲間作りに励む傾向が出てきます。また、インタビュアーの女性に対抗意識を燃やすこともあります。

法則5　男子高校生は、最難関

もともと男性へのインタビューというのは、口数が少ないので大変です。「なぜ、購入するのですか？」と問うと、「好きだから」「いつも買っているから」といった回答で話が広がりません。

特に、思春期の男子は大人に話したがらず、インタビュアー泣かせの反抗まであります。以前、インタビュアーがついにキレて「あなたたち、お金をもらってここに来てるんだから、しゃべるのが仕事ですよ！」と説教が始まったこともあります。

法則6　女子中高生なら友達とペアで呼ぶとよく話す

最初からリラックスして話してもらおうと、友達同士を呼ぶとよく話してくれます。しかし、ときには内輪の話で盛り上が

ったり、うけ狙いで誇張したりと中身を割り引いた方がいいこともあります。

　高校の教室に出向いて話を聞いたこともありますが、全員身内なので、とんでもないパワーで、先を争って話し出し、コントロールに苦労したこともありました。

法則7　最近はインタビュー慣れしている人も多い

　特に女性に多いのですが、いろいろなマーケティング会社に登録していて、いわゆる"グルイン慣れ"をしている人がいます。

　インタビュアーの質問に、立て板に水で答えてくれて、助かる場合も多いのですが、グループインタビューの意図をすばやく察知し、期待する答えを探しながら答える賢い人もいるので、要注意です。態度や自己紹介を注意深く観察し、ベテランかどうかを見分ける目を養いましょう。

　また、女性の中には、少し年齢を偽る人もいます。その差は、だいたい3歳ぐらいに集中するのが面白いです。

法則8　こどもの早熟を実感

　最近は女子小学生でもしっかりと自分の意見を話します。今日の子役ブームを見ればいささか納得もいきますが、本当にボキャブラリーが豊富で、コメントも的確です。服装だけ見たら、本当に小学生？と思うような女の子たちが多いです。特に母と娘が姉妹のように接する親子に、このような傾向が多いような気がします。

法則9　インタビュアーが勝手に納得、暴走することがある

　これは、ベテランのインタビュアーに多いケースです。自らの質問テクニックに酔い、クライアントにしたり顔（今なら"どや顔"）で説明してきますが、実は自分が知らなかっただけで、クライアントの方はよく知っていることだったりします。

　特に、ロングセラーブランドのグループインタビューは継続的に行うので、クライアントはお客さんとブランドとのかかわりについて相当な知識があります。

　そういった状況もわからず、表面的な説明だけで、自ら納得しているインタビュアーを見て、がっかりした経験もありました。

　ロングセラー商品のグループインタビューは、同じインタビュアーにある程度継続して依頼するようにした方がいいでしょう。その商品が抱える問題を熟知している人の方がいい結果につながる場合が多いです。

法則10　ペットも人間並みに

　ペットフードのグループインタビューは、当然飼い主にお願いするのですが、完全に飼い主さんのこどもとして質問しないと、気分を損ねるケースがあります。

「おたくのワンちゃんは、朝は何を食べられますか？」と質問すると、「え、私の○○ちゃんのこと？」というように、特に室内犬の場合、こども同様、ときにはそれ以上に愛情を注ぐ飼い主が、多いです。

　雰囲気を損ねないためにも、ペットも固有名詞で呼ぶようにしましょう。

05 コンセプト決定の定石
情報は品質の次に重要

押さえておくべきポイント　→
機能で差別化をするのではなく、情報で差別化することで、商品価値を高めることができます。

一口に商品の価値といっても、お客さんが感じる価値にはいろいろあります。

機能的価値と情緒的価値

商品のハード面とソフト面に注目すると、「機能的価値」と「情緒的価値」の2つに分けられます。

「機能的価値」とは、商品の性能そのものをいいます。飲料であれば"脂肪燃焼"、アパレルであれば"型崩れしない"、家電であれば"耐久性"、車であれば"燃費"などです。

一方、「情緒的価値」とは、形に表すことができない価値をいいます。さらに「情緒的価値」には、"おいしい"や"かっこいい"などの「感性的価値」と、その商品を経験して得ることができる"ワクワク感""感動"など、お客さんの心が動かされる「感情的価値」があります。

感情的価値を持った商品は、お客さんの心にしっかり定着しています。情報が、差別性を生み、商品価値となる時代です。

技術が発達した日本の成熟市場では、機能的価値で差がつくケースは少なくなってきて、ネーミングやデザインの良さとい

商品価値の種類

競合に負けないのが前提

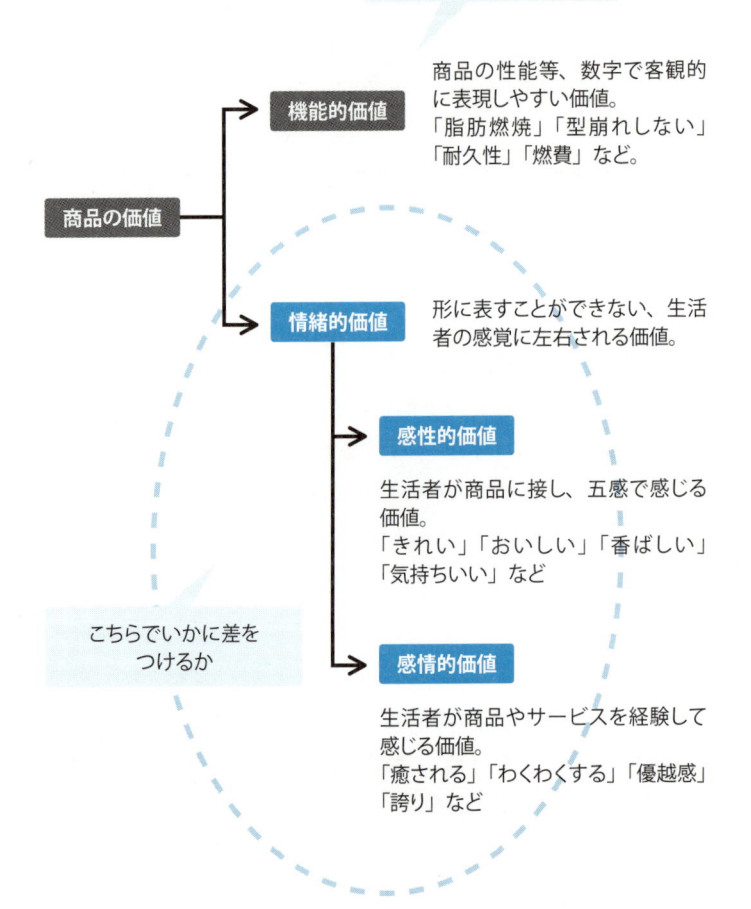

商品の価値 → **機能的価値**: 商品の性能等、数字で客観的に表現しやすい価値。「脂肪燃焼」「型崩れしない」「耐久性」「燃費」など。

→ **情緒的価値**: 形に表すことができない、生活者の感覚に左右される価値。

　→ **感性的価値**
　生活者が商品に接し、五感で感じる価値。「きれい」「おいしい」「香ばしい」「気持ちいい」など

　→ **感情的価値**
　生活者が商品やサービスを経験して感じる価値。「癒される」「わくわくする」「優越感」「誇り」など

こちらでいかに差をつけるか

った情緒的価値が決め手となって売れるケースが多く見られます。

「モノ」消費から「コト」消費に目を向ける

車のコマーシャルで、象徴的なコピーの対比があります。高度成長時代、トヨタは「いつかはクラウン」というコピーで一世を風靡しました。自分もいつかはクラウンに乗れるぐらいの立場になりたいという意味です。つまり、モノを所有することで自分を表現していたのです。

その後、日産のセレナという車のCMでは、「モノより思い出」というコピーで、家族旅行の思い出映像を情緒的に映し出し、生活者の心を捉えました。

得意先が最終消費者ではない、企業間ビジネスでも情緒的価値は大きな武器になるようです。機能に差がなければ、例えば、気に入るデザインであったり、押し間違えしにくいデザインであったりすることが決め手になることがあります。冒頭に、商品企画ができるデザイナーは今後ますます有望とお話ししたのは、このような背景があるからです。

とりわけ、情報は情緒的価値を生み出す源として重要です。「期間限定」や「カリスマ〇〇」といったキャッチコピーについつい反応した経験はないでしょうか。私自身も商品企画担当者として、情報の威力を実感した一人でした。

「ムースポッキー」が、予想外の品切れによる発売休止に陥ったときに、「幻のポッキー」という情報が付加されました。すると、再発売後には、爆発的な売れ行きになったのです。

このときは、発売前からいろいろな雑誌に取り上げられ、マ

スコミのみなさんに、最発売前からお客さんの期待を盛り上げていただきました。ただ、思わぬ取材で、真っ青になった経験もありましたが……。

取材された女性誌の見出しに顔面蒼白

『「ムースポッキー」大ヒットの秘密は20人の女友だち』。

これは、私が取材を受けた雑誌の見出しです（右ページ写真）。私は、妻もこどももいる普通のサラリーマンでしたから、とても驚き慌てて妻に事情を説明しました。

記事は、女性心理を研究するために美容室やスポーツクラブのスタッフ、英会話のクラスメートなど、常日頃からアドバイスを受ける女性たちが多いといった他愛のないものでしたので妻は納得しましたが、一瞬焦ったことを今でも覚えています。

インターネットの発達は、情報検索を本当に容易にしてくれましたが、こんなエピソードがあるくらい、私は市場を調べるのに、生活者とのコミュニケーションを大切にしています。

人に気に入っていただく商品を作るのですから、人間を深く理解することはとても大切だと思います。

商品の「物語」や「うんちく」を考える

情報とは、具体的には商品にまつわる「物語」や作り手の「思い」、商品の「うんちく」です。

こだわりラーメン店の長い列やデパ地下の盛況、インターネットでのお取り寄せブームなどを見ていると、最近の生活者は、「頭で食事を楽しんでいる」感じがします。もちろん、舌で料理を楽しんでいるのですが、その料理の背景にある「物

女性セブン平成 12 年 11 月 23 日号より（小学館）

コンセプトを練り上げる

語」や「うんちく」、作り手の「想い」を知っているからこそ、さらにおいしく感じるのでしょう。これは、バッグやアパレルも同様です。

　最近の商品企画は、モノ作りと同時に、商品のコンセプトと連動した「物語」や「うんちく」をどう付与していくかを考えなくてはなりません。

「儲ける」という言葉を分解すると「信者」になります。企画した商品に信者が多くつくと、価格競争に巻き込まれない安定したビジネスが可能となります。

　この情報を上手に利用したのが、元宮崎県知事の東国原氏です。彼が登場するまで、多くの人は、「マンゴー」や「地鶏」、「宮崎牛」などの宮崎県の特産品を知らなかったのではないでしょうか。彼は、ドラマより製作費が少なく、安定的に視聴率を稼げるグルメ番組が増えているというテレビ業界の状況を追い風にして、積極的に宮崎県の特産品を紹介しました。テレビ業界に精通している東国原氏ならではの戦略だと思います。

　私のクライアントさんの中には、長年人気の看板商品をあまり積極的にお客さんに伝えていないケースがあり、もったいないと感じることがあります。社内では何も珍しくないことでも、お客さんにとっては、とても興味があることも多いです。

　特に、最近は製造のノウハウや歴史など、商品の裏側に興味を持つ生活者は多いです。そんなテレビ番組も人気です。この機会に一度、自社のロングセラー商品に何か情報はないか見てみてはいかがでしょうか。

「物語」や「うんちく」を作るためのチェックポイントを右ページ図に示したので、ぜひ活用してみてください。

↘「物語」「うんちく」作りの進め方とポイント

進め方	チェックポイント
ステップ1： 商品に関する情報を洗い出す	□ 商品コンセプトを最も伝えることができる特長は何か □ その商品を作ろうとした動機・背景は何か？ □ その商品を作るのにこだわった点は何か？ □ その商品を作る際に苦労したことは何か？ □ 調査でどんな風にほめられた？驚かれたか？
ステップ2： 焦点を当てる特長を絞る	□ 今の流行や嗜好の流れに合致している特長はどれか？ □ 科学的お墨つきがありそうな特長はどれか □「へー」という意外な驚きがありそうな特長はどれか □ 昔からの言い伝えなど、すんなり理解できるのはどれか □ 生活者に共感してもらえそうな情報はどれか □ 会社のイメージに合致しているのはどれか
ステップ3： 伝える方法を考える	□ クチコミに乗りやすい方法か？ □ 生活者の目によく触れる方法か？ □ 生活者の共感を得る方法か？押しつけでないか？

06 コンセプト決定のタブー
差別化のための差別化を考えてしまう

押さえておくべきポイント →
競合ばかりに気を取られず、お客さんに目を向けることで、企画の方向性を見失うことがなくなります。

　社内の企画会議では、企画の魅力をプレゼンする際に、ライバル商品との性能の差を熱心に説明しがちです。聞き手も社内の人間ですから、ついつい競合との性能の差が気になります。

　しかし、大切なのは、お客さんにとってその差が魅力的かどうかです。社内が納得しても、お客さんの心に響かないと意味がありません。

　もし、あなたがプレゼンを聞く立場なら、単純にお客さんのためになる特長かどうか質問してください。これが案外、本質的な質問となります。

　他社と差別化するために、機能をどんどん追加して、結局使い勝手が悪くなった例は、家電商品や携帯電話、ゲームソフトなど多くの分野で見られます。他山の石として、十分気をつけてください。

　特に新人企画担当者がはまりやすいのが、お客さん不在の"差別化のための差別化"です。商品企画の切り口を探すのは、難しいです。企画のとっかかりとして、競合商品にない特長は何かと考えるのは定石です。

　しかし、必死に競合品と差別化したのはいいが、いざコンセ

プトシートをじっくり眺めてみると、たくさん書かれた商品特長の中に、お客さんが心底喜ぶものがない場合があります。「差別化」は、もちろん大切なキーワードですが、それはお客さんにとって意味のある差別化です。気をつけましょう！

ライバルを見すぎると隙が生じる

　ライバルを見すぎると陥りやすい罠が、同じ競争軸で戦い続ける「暗黙の同質化戦争」です。

　成長が鈍化した成熟市場で、長年のライバルメーカーとだけ競争を繰り返していると、業界の暗黙の競争ルールというものができてしまう場合があります。

　結果、同じ競争軸で、小さな差別化競争を繰り返し、お客さんもその戦いに慣れてニーズが顕在化しません。そのような市場は、新規参入メーカーにはチャンスです。お客さんの視点に立った、新しい競争軸で大きく差別化した商品を企画して参入すれば、大きくシェアを奪えることがあります。

　少し古いですが、Ｐ＆Ｇが『ジョイ』という家庭用洗剤を日本市場に投入し、成功した例は興味深いです。ジョイ投入前の日本の家庭用洗剤は、花王とライオン、2強の独壇場でした。

　当時、2強の彼らは日本の女性は、油汚れより手荒れを気にすると判断していました。しかし、Ｐ＆Ｇは油汚れの不満は相当あるのに、現状の日本の洗剤では対応できていないことを知り、ジョイを投入したのです。それに気づいていない2社は、「油汚れより手荒れ緩和」のルールで戦い続けていたのです。

　既存企業も必死で戦っているのですが、ライバルを見すぎると、大きな隙を作ってしまう場合があります。

コラム2

> メンズポッキー
> 誕生秘話 その2

商品企画会議の後で

落胆する私に広告部のメンバーが声をかけてきた。デザイナーと広告制作の仲間だ。

2人とも、「君の話はよくわかる」と理解を示してくれた。さらに、「赤箱とペアでいいデザインができそうな気がする」「四姉妹という"家族"の次は、若い女性が一番関心のある"恋"をテーマにしたCMができる」と支援してくれた。

落ち込んだ気分を持ちあげるべく、気分転換も兼ねて、ふらっと梅田周辺の百貨店をタウンウォッチングに出た際に、衝撃的な経験をした。

私は、夏のバーゲンの下見も兼ねて、「ラルフローレン」（ポロ）のお店に立ち寄ったのだが、そこには、女性客が2人と女性店員がいるだけだった。「あれ? 女性向けポロのフロアは下の階にあるのに、なぜわざわざ上階の男性フロアのお店に女性客が? ギフトシーズンでもないし……」。

私はすぐに店員に聞いてみた。店員は「女性が、男性向けSサイズを自分のために買うのです」。「え!」と驚き、「サイズ以外に男性向けと女性向けに何か違いがあるの?」と続けざまに尋ねると、「ええ、男性向けのポロシャツは、女性向けに比べて襟の形が鋭角で、色も女性向けはパステル調が多いですが、

男性向けはシャープな色が多いのです。そんな男性向けを好んで着られる女性のお客様もいらっしゃるのですよ」と、店員はあたり前のように答えた。そのとき私は、心の中で叫んだ。
「これや！やっぱり、俺の感覚があっているんや！」
プロジェクトメンバーの励ましと「ラルフローレン」のお店の経験に勇気づけられた私は、再度、商品企画会議に提案した。
今回の会議では、CMはポッキー四姉妹物語と同様のストーリー仕立てにして、メンズポッキーのイメージをわかりやすく伝えることを説明し、パッケージデザインは、「赤箱」とペアにすることで、30周年の「赤箱」もセール企画に入りやすくなると説明した。商品企画の話に終始していた前回と異なり、CMや店頭対策などの具体的な販売戦略まで、ストーリー仕立てで説明できたので、営業幹部も納得し、ようやく発売の了解を得ることができた。

もう1つの心配

ただ、企画が進行して行く中でもう1つ心配なことがあった。それは、「メンズ」という名前だった。
"若い女性が、男っぽいカッコよさを楽しむビターなポッキー"がコンセプトだが、『メンズポッキー』というネーミングで、女性が手を出してくれるだろうか？ 私は、自分が通っていた英会話学校にお願いして、女子生徒さんに進行中のデザインを見せて、聞いてみた。
最初のグループは、20代のOL。開口一番「ええ！男のポッキ

ー?? 私たちは買えないの?」という戸惑いの声が広がった。私は、落胆した。

次のグループは、女子高生。「メンズ! かっこええ! 出たら、学校に持っていくわ!」と口々に笑顔で叫んだ。私は、たたみかけて質問した。「どんな味かわかる?」。彼女たちは当然と言わんばかりに、「メンズやから、ちょっとビター味ちゃうの?」。私は、嬉しかった。心が躍った。「これで、少なくとも女子高生には売れるな。ターゲットは、女子高生やから大丈夫や。女子高生の『学校に持っていく』というコメントは、ヒット商品の要件やし」。私は、すがすがしい気分で学校を後にした。

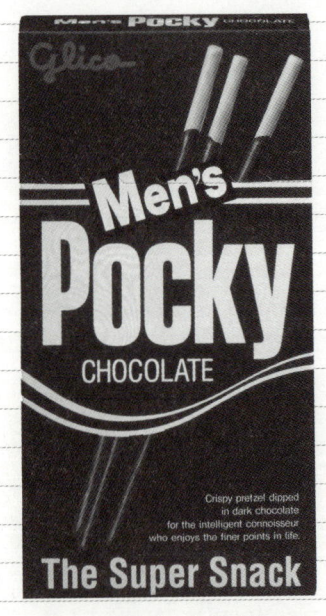

江崎グリコ株式会社 『メンズポッキー』

営業会議とバイヤー向けプレゼン

私は、企画会議で伝えることの難しさを実感したので、セールスに向けた営業会議やバイヤーとの商談のプレゼンでは、さらに工夫が必要だと感じた。

そこで、まず、『ポッキー坂恋物語』という制作中の CM のデモテープを流し、コンセプトをビジュアルで理解できるように工夫した。同時に、店頭セールのイメージがしやすいように、販売促進プランも絵にして説明した。

さらに、最近の若者のトレンドを説明し、メンズポッキーによって、チョコレート売り場が盛り上がり、赤箱ともども売上増が見込めるとデータを交え、視覚、聴覚に訴えながら、自分の言葉で、一生懸命プレゼンした。

女性セールスはいい反応で、若い男性セールスも興味を示してくれた。だが、やはりベテランセールスや幹部社員、バイヤーなどの中高年男性には半信半疑の人たちもいた。

結果、営業サイドの販売見込みは、私の予想を下まわる状態だった。だが、私は「賽は投げられた。くよくよしても仕方がない。今、自分にできることを最大限やろう!」と気持ちを切り替えて、発売準備に邁進した。

「優秀ヒット賞」

このように、いろいろと企画段階で苦労したメンズポッキーであったが、発売後は販売見込みを大幅に上回り、品薄状態が続いた。

そして、翌年、日本食糧新聞主催の「食品ヒット商品」で

「優秀ヒット賞」を受賞するヒット商品となった。私にとって、はじめての成功体験であった。

私は、メンズポッキーの企画を通じて、多くのことを学んだ。日頃からターゲットを観察する大切さ。少々の批判には屈しないひたむきさ。しっかり準備する用意周到さ。いいことに目を向ける前向きさ。「人事を尽くして天命を待つ」という胆力。そして、プレゼン相手にとって、何が理解の障害になるかを想像しながら伝え方を工夫して、一生懸命話をする、伝える力の大切さを学んだ。

第6章

企画の細部を詰める

価格設定
ネーミング
デザインを決める

01 価格設定のタブー
お客さんは安い価格にすぐ慣れる

押さえておくべきポイント →
値段を下げても、商品が魅力的でないと効果はありません。安易な値下げに走るよりも、商品の価値を高める工夫が必要です。

モノ余りの時代、いくら安くしても商品に魅力がなければ売れません。値下げをして、成功するのは難しいというのが、私の実感です。理由は3つあります。

①安い価格にすぐ慣れる

お客さんは、安い価格にすぐ慣れるということです。「特売は、麻薬のようだ」と言います。最初は、安い価格に反応したお客さんも、その価格に慣れて反応が鈍くなると、さらに強い刺激の値下げが必要となります。一度下げたお客さんの価格水準を戻すのは、至難の業です。牛丼業界がよい例です。

「牛丼1杯で300円台は少し高く感じる。200円台ならもっと頻繁に食べるんだけど……」(都内40代会社員)。これは2009年11月27日の日経新聞に掲載されたものです。

2001年頃、一斉に「並盛サイズ」を400円前後から200円代後半まで値下げしてから、なかなか価格が元に戻りません。

さらに、今はすばらしくV字回復した日本マクドナルドですが、次ページ図のように、低価格政策の影響で、収益が大幅に悪化しました時代がありました。

マクドナルドの売上・経常利益の推移

	売上 (億円)	経常利益 (億円)	取り組み内容
2001年 (単体)	3,617	189	00年から打ち出した平日半額セール（1個65円、週末は130円）が支持される
2002年	3,207	20	2月：平日半額セールを中止。常時80円に。 8月：80円から再び値下げ。59円に。
2003年	2,998	19	4月：プレミアムマック（270円）発売も不発。 6月：59円バーガー再び終了
2004年	3,081	73	「品質、サービス、清潔さ」の徹底 ⇒顧客満足度の向上。職場環境の改善
2005年	3,257	29	4月：新規顧客獲得を狙い、「100円マック」他9品目を100円で販売。 7月：セットメニューの値上げ（例：「ビッグマック」530円⇒560円）
2006年	3,557	57	既存品の6割を10円～50円値上げ（例：「ビッグマック」560円⇒580円）。100円マックは残す。高額商品「えびフィレオ」などのヒット
2007年	4,941	156	期間限定商品「メガマック」（350円）のヒット 朝食メニュー「マックグリドル」のヒット
2008年	5,183	182	「クォーターパウンダー」を新たに展開。事前キャンペーン"QUARTER POUNDER PR SHOP"を表参道、渋谷東口にオープン。
2009年	5,319	232	「プレミアムローストコーヒー」1杯無料提供キャンペーン。カフェラテなどの新たなコーヒーメニュー7種を販売開始。
2010年	5,427	271	ビッグアメリカシリーズ発売。「テキサスバーガー」「ニューヨークバーガー」「カリフォルニアバーガー」「ハワイアンバーガー」の4種類でヒット。

↘ マクドナルドの売上・経常利益の推移グラフ

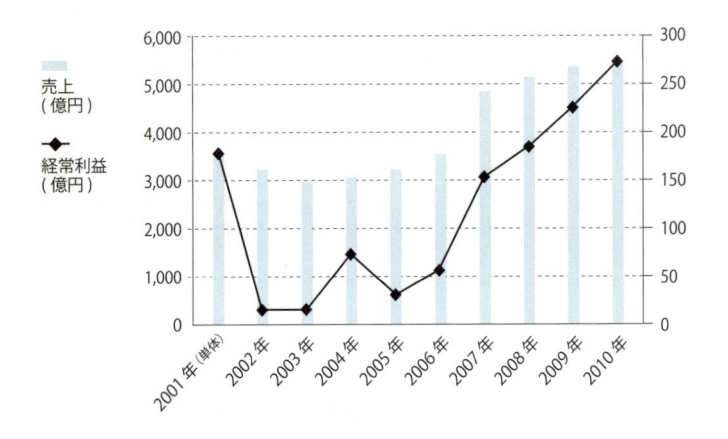

凡例：売上（億円）、経常利益（億円）

横軸：2001年（単体）、2002年、2003年、2004年、2005年、2006年、2007年、2008年、2009年、2010年

②価格というセールスポイントはすぐマネされる

　安い価格だけが特徴の商品を発売しても、価格というセールスポイントはすぐにマネされます。

　そして、差別性を失った商品は、さらに低価格にして利益を失います。ハンバーガーや牛丼の例でも、ライバルはすぐに値下げで追随しています。

③低価格をウリにすると、商品価値を低く見られる

　低価格をウリにした商品は、お客さんに商品の価値も低く見られがちです。ベテラン担当者のインタビューで、「値下げは、企画担当者の墓場」という言葉がありました。私も、同じようなことを同僚と話していたことを思い出しました。

　販売不振で商品を値下げする場合、商品担当者が、その商品

の価値向上の方策が尽きたか、あるいは安易な手段に訴えかのいずれかだと思います。

販売不振から、商品のてこ入れをせずに値下げだけをしても、多くの場合、販売が思うように回復せず、さらに値下げという、いわゆるデフレスパイラルに入ります。

また、仮にリニューアルをして値下げしても、復活の難易度は高くなります。販売価格を下げても、相当の利益を確保することは必要ですので、仮に原材料比率が同じでも、相対的に原材料費に使える額は小さくなります。

商品価値の向上を目指すべきリニューアルなのに、商品を作るのに使える金額が小さくなり、企画改良の選択肢が狭まる状況に陥ります。

また、営業も売れなかったから値下げしたと思われている商品を売り込むというのは、至難の業です。結果、最後には商品が市場から消えてしまうケースがとても多いのです。

販売不振の状況を改善する突破口が開けない商品は、過去の延長線上で商品の価値アップ策をあれこれと考えないで、一度ゼロベースで企画を考えることも1つの手です。

前述のように、値下げしないと売れないと思う商品の価格を上げて販売しようとすれば、相当の改良が必要です。その商品のすべてを見直さないといけないような、発想の転換が必要です。

販売不振は、値上げのチャンスと捉え、とことんまで落ちた商品を高価格帯商品にするための企画変更を考えるのは、発想の転換を促す1つの方策です。

02 価格設定の定石
価格提示後の表情に注意する

押さえておくべきポイント →
お客さんは価格と価値を天秤にかけます。情緒的価値を上げて、商品の価値を上げることで、価格設定を高くできたり、競合品との差別化になります。

　お客さんが安いと感じるのは、価値と価格のバランスがいいと感じるときです。その価値は、機能価値だけではなく、情緒的価値も含めた商品の価値全体で、値段を判断しています。

　成熟市場では、機能面で競合品を圧倒するのは簡単ではないので、情緒的価値を上げて、商品全体の価値を上げることが必要です。

　具体的には、「限定性」や「ストーリー性」など商品に対する話題づくりや、「デザインセンス」のような感性的価値の向上を考えなければなりません。そのためには、企画担当者は右脳力を鍛えておく必要があります。

　情緒的価値は目に見えない分、競合品との比較も難しく、価格競争に巻きこまれにくいです。

　例えば、バレンタイン時期にヨーロッパのチョコレートが、日本メーカーの何倍もの価格で販売され、売れている現実を見ると、価格設定は、原価というハード面以上にソフト面が影響していることがわかります。

適正価格を知るには？

　自社の商品の適正価格を知るためには、グループインタビューでのモニターの反応が、いい手がかりになります。

　私は、コンセプトを説明するときには、今考えている価格をモニターに伝えないことが多いです。コンセプト段階で高い支持をしてくれたモニターが、どう反応するかを見極めるためです。

　コンセプト提示段階には高い評価をしてくれていた人が、価格提示後に一変する場合があります。瞬時に、頭の中で「価値と価格の天秤」が作動し、より冷静な判断になったと想像できます。

　ただし、こういった反応も誰の反応かを冷静に見極めないといけません。提示された商品をとても気に入ってくれている人が、値段が高いと判断した場合は、価格の再検討の余地があります。

　しかし、その商品の好意度が低い人の意見は、価格に対しても評論家的な意見になりがちなので、あまり気にしなくていいと思います。

　商品企画のセミナーは、いろいろな業界の企画担当者が集まりますので、自分の担当商品について、忌憚のない意見をもらえる絶好のチャンスです。

　私は、そのような異業種交流の場を作るべく、受講生のみなさんとセミナー後に懇親会を開くことが多いのですが、可能であれば、企画している商品を持参することをお勧めしています。やはり現物があったほうが、深いコメントをもらえることが多いです。

その際、現物を見せられたほとんどの人は、「いくら？」と値段を聞きます。反射的に答えてしまいがちですが、「いくらだと思います？」と聞き返すクセをつけましょう。頭の中の想定価格を聞き出すためです。

　クライアント企業の営業、製造部門のみなさんを交えて会議をしていると、商品の価格設定でよくもめます。

　これは、営業は商品を外から見ていますが、製造は内から見ているからです。

　つまり、営業は競合品や売場の売れ筋商品の価格など、外部情報を基に価格の話をします。一方、製造は原材料費や加工費など、内部情報を基に価格の話をします。

　結果、営業の希望価格は下に振れ、製造の希望価格は上に振れる傾向にあります。企画担当者は、両者の言い分に耳を傾けながらも、原価発想・バイヤー発想に陥ることなく、お客さん視点で、主体的に価格設定をしなければ、発売後に後悔することになるかもしれないので注意しましょう。

03 価格設定の定石
オリジナルはプレミアム

押さえておくべきポイント →
今までにない特長を持ったオリジナル性の高い商品は、市場での競争に巻き込まれにくく、価格設定でも、バイヤーとの交渉でも有利になります。

「他にはないオリジナル商品は、商談も1分で終わる」

これは、私のクライアント企業の商品開発プロジェクトで、企画した商品をはじめて営業の人が得意先に案内した結果、出てきた言葉です。

通常なら粗利率の交渉から入るのが普通でしたが、値段交渉もなく、「面白いから1回やってみよう！」とすぐに採用が決まったそうです。

そこまで差別化された商品を今まで案内することがなかったためか、その営業の人はあまりあっさり商談が終わったことに驚いたそうです。

それまでコツコツと企画内容を議論するプロジェクトをまどろっこしいと感じていたそうですが、他にはない商品を作れば、営業も価格交渉にそれほど悩まず、楽に商談できることを実感してからは、プロジェクトに対して、とても前向きになりました。

私は常々「めんどくさいことが付加価値を生む」と話していますが、まさにコツコツ粘り強く議論してよかったと思いました。

営業が商品の売込みに成功するためには、案内した商品を導入すると、バイヤーの担当カテゴリーが活性化して売上が上がると思ってもらわなければなりません。バイヤーは、「前年実績のプレッシャー」と常に戦っているので、いつも売場全体を活性化できる、新しい切り口の商品を探しています。

　オリジナル性がある差別化商品は、今までにない特長を持った商品なので、バイヤーが売場活性の期待を持って話を聞いてくれて、説得もしやすいのです。

小さな池の大きな魚

　一定の需要はあるが、他の企業が参入できるほど大きくない"隙間市場"をニッチといい、そのような市場で勝負する企業をニッチャーといいます。

　ニッチャーのいい点は、大手が参入するほど大きい市場ではないので、類似の競合品が出てくる可能性が少ないことです。類似品がなければ、利益を稼げるプレミアム価格の設定が可能です。

　トイレタリー分野で、ユニークな商品を出し続けている小林製薬は、このニッチ市場での商品企画が得意です。同社は、アニュアルレポート2011で、「小さな池の大きな魚」と題して、競争相手がひしめく「大きな池の小さな魚」になるのではなく、「小さな池の大きな魚」として、「池」を拡大しながら高シェア高収益を確保すると述べています。

　「他にない」商品は、生み出すのは大変だが、喜びは大きく、長く続きます。

　社内で「他にない」特長を備えた商品を認めてもらうために

は、かなり抵抗があります。前例のないものに対しては、いつの時代も抵抗があるものです。

しかし、いったん市場に出て、その他にない特長がお客さんに受け入れられると、これほど営業活動が楽で、高利益を生み出す商品はありません。何しろ、他に競合商品がないのですから。

また、他にない特徴を作り上げた商品は、すぐにマネされないので、市場を独占する期間が長くなり、利益に貢献する期間も長くなります。

さらに、市場での独占期間が長いと、お客さんの記憶に商品を擦り込む時間も長くなり、ブランドという財産ができあがります。

04 ネーミングの定石
ワードパワーがある言葉を見つける

押さえておくべきポイント →
ネーミングでは、時代に合ったパワーのある言葉を見つけることが大切です。そのためには、常に世の中の動きを見て、変化を敏感に感じ取ることです。

言葉にも旬があります。私は、旬な言葉をワードパワーがある言葉と呼んでいます。

毎年、年末に発表される「流行語大賞」のように、言葉にもはやりすたりがあります。新しい響きのある言葉を使うことは、新商品を考える上で重要です。商品名に使うのはもちろんですが、CMやちょっとした販促物にも効果的に使いましょう。とはいっても、いくら新鮮な言葉でも心地よいものでないとマイナスになります。

昔、メンズポッキーを発売したときに、期せずして、「メンズノンノ」や「メンズビオレ」など、「メンズ〇〇」とついた商品が登場しました。

マスコミにも「性別商品」という切り口で取り上げてもらい、予想外の宣伝となりました。一部辛口コメンテーターからは、安易でふざけた名前だと批判されたり、日本在住の外国人から「レディスポッキー」を作らないと不公平だと投書をいただいたりして、憤慨したり落ち込んだりしました。

そんなとき先輩から「インパクトがある名前だからいろいろ言われているんだ。勢いのある商品名の証だ」と励まされまし

た。私がはじめて担当した「ポッキー四姉妹物語」キャンペーンのときには、「四姉妹」という言葉が取り上げられました。このような、その時代を表す言葉を探しましょう！

身の周りにヒントが溢れている

電車の中刷り広告は、旬の言葉の宝庫です。ある女性週刊誌の編集者は、ライバル会社の中刷り広告をいつもチェックしているそうです。

毎週発売される週刊誌は、いつも新鮮で購買意欲を喚起する広告が必要です。メーカー以上に言葉に敏感なのは当然でしょう。マスコミの言葉の使用頻度に目を向けましょう！

また、言葉だけでなく、その表現方法も参考になります。自分たちの商品のターゲットと同じ購買層の雑誌を参考にして、そこで使われている表現を研究するのは、キャッチコピー作りに役立ちます。中刷り広告だけでなく、テレビのコマーシャルやタレントの言葉なども参考になります。

こうして考えると、街中や家庭にさえ、企画のヒントが溢れていることがわかります。

言葉は時代とともに変遷する

言葉は、生き物のようにそのイメージも変幻するのです。

今はあたり前のように使われる「こだわり」という言葉も、昔はマイナスイメージで使われていたような気がします。

今でこそ、「職人のこだわり」や「こだわりの一品」といった表現は、何か商品に対する思い入れが感じられて、いい響きですが、以前は何か偏屈な、了見の狭いことを表現する状況で

多く使われていた気がします。

　また、最近では「大人（おとな）」という言葉も面白いイメージの変化だと感じています。

　私が新入社員のころ「大人（おとな）やな」と言われると、何か大切なものを失って、変に世間に迎合する、若さを失った態度を非難されているようで、あまりいい気がしませんでした。若い人は知らないと思いすが、思春期のころ「いちご白書をもう一度」がはやった世代ですから（笑）。

　しかし、最近は市場が成熟し、団塊の世代がメインターゲットになっているからか、「大人の休日倶楽部」「大人の科学」「大人の音楽教室」など、「大人の〇〇」がよく登場しています。

　グリコのチョコレートのCMは、「オトナグリコ（OTONA GLICO）」ですし、家族旅行の象徴のようなディズニーも「ディズニーのおとな旅」のようなパッケージを販売しています。

　生活者の年齢層のエイジレス化という現象と、高齢の富裕層を狙った企業側のマーケティングの結果が、大人＝「違いがわかる人。良いものを選ぶ人」という、いいイメージに変わってきた気がします。

　いつも世の中の動きを見て、言葉の使用頻度やその意味の変化に気をつけてください。せっかく斬新な発想の商品でも、陳腐なネーミングをして、最初から既知感のある鮮度の低い商品になると、とても残念です。

05 ネーミングの定石
商品のもっとも良い点が伝わるようにする

押さえておくべきポイント →
商品の一番のウリをネーミングに反映することで、商品名だけで、お客さんが商品の特長を理解できるようになります。

　商品名はこどもの名前と同じで、思いの表現と親しみやすさが大切です。

　人間の名前では、「名は体を表す」という表現がありますが、商品名も同じです。その商品の名前を聞けば、その商品のもっとも良い特長がすぐ連想できることが理想です。

　アサヒの『スーパードライ』は、キレとコクが想像できますし、小林製薬の『熱さまシート』は、名前を聞くだけで使用目的が理解できます。

　また、グリコの『ポッキー』もポキッというスティックの歯ざわりの良さから名づけられています。Ｐ＆Ｇの『パンパース卒業パンツ』もその名の通り、おむつ離れを目的にしたトイレトレーニング用のおむつだとすぐに理解できます。

　何を伝えたいかが明確になっていないと、いざネーミングを考える際にも、何を軸にアイデアを出してよいかわからないので、コンセプトの明確化がここでも生きてきます。

　私は以前、知人から「芸名」を考えて欲しいという依頼があり、少し当惑したことがあります。商品名を考える仕事をしているので、芸名も考えられると思われたのでしょう。

6 企画の細部を詰める

そこで、私は「芸名もコンセプト（一番のウリ）から」と考え、その知人がどんな女優を目指しているのか、舞台でお客さんに何を訴えたいのか、じっくりヒアリングした後、いろいろな名前を考えました。幸い、私の考えた名前が採用され、現在も活躍しているのを見て、ほっとしています。
　ネーミングは、コンセプトが伝わることがもっとも大切です。

固有名詞を使う

　また、ブランドにしたいなら、一般名称ではなく固有名詞をつけることをお勧めします。ブランドとなった商品には、他にはない「〇〇らしさ」というべき、独特の世界観と固有の「商品名」と「ロゴ」がついています。
　コンピューターのアップルの商品は、ひと目でわかりますし、名前もユニークです。古い事例ですが、もしソニーの『ウォークマン』が、「モバイル音声再生機」のような名前だったら、固有の世界観を作れず、すぐに後発のパナソニックやアイワとの価格競争に巻き込まれたでしょう。同じように「ポッキー」も「チョコスティック」という名前では、日本で最大の菓子ブランドにまで成長できなかったでしょう。
　固有名詞で商品が定着すると、系列品の展開も容易になります。「じゃがりこ〇〇味出た！」のほうが、「ポテトチップス〇〇味出た！」より注目を集めやすいと思います。
　次ページにネーミングで、注意すべきポイントをまとめましたので、考える際の参考にしてください。

↘ ネーミングの注意点

point 1　ひと目見て、商品の特長がわかること

小林製薬では、「1秒以内でどんな商品かわかる」が同社のネーミング鉄則。「店頭で消費者が商品を目にしてから手を伸ばすまで0.6秒といわれる。その間に商品の内容を理解してもらう」ことが必要だから。（日本経済新聞 2003年7月15日）

---

point 2　新鮮さ（いい意味での違和感）を感じること

毎週のように新製品が店頭に並ぶ時代です。存在に気づいてもらうためには、「何?」と生活者が目を向けてくれるネーミングが重要です。

---

point 3　ターゲット顧客が言いやすい名前であること

いくら新鮮な名前でも、ターゲット層が好意を持たなかったり、店頭で名指しするのが恥ずかしいような名前は禁物です。案外あるものです。事前に調査しましょう!

---

point 4　先行商品に対抗する場合は、同じ土俵に乗らないこと

「二番煎じ」のイメージがつくと、いくら先行商品より品質が良くても、勝ち目は少ないです。新しい評価軸を提供できる名前を考えましょう。

---

point 5　担当者が名づけ親になること

こどもの名前と同じです。多くの人がいろいろなことを言います。たとえ提案された名前であっても、最終的には、担当者が納得して、主体的に決定すること。愛情の深さが違います。

06 デザインの定石
パッケージデザインは最初で最大のメッセージ

押さえておくべきポイント →
表現したい要素を絞って、伝えたい価値を明確にすることで、お客さんはもちろん、パッケージを作ってもらうデザイナーにもコンセプトがきちんと伝わるようになります。

　デザインはお客さんへの最初のメッセージですから、伝える価値を明確にしなければなりません。そのためには、まず自分の商品のコンセプトをデザイナーと共有する必要があります。企画担当者とデザイナーのコミュニケーションの良し悪しが、デザインの質を左右します。

　情報の伝わる力は、距離に半比例するという「ラインロスの原則」は、デザインにもあてはまります。

　企画担当者からもっとも遠く、一番情報が伝わりにくいのは、その商品を店頭で見るお客さんです。そして、そのお客さんに企画の意図を伝える最大の方法は、パッケージのデザインです。

　したがって、パッケージデザインは「伝える力」が強くないといけません。そのためには、思い切って表現したい要素を絞りこまなくてはなりません。

　要素が多いと何を伝えたいかわからない、ぼやっとしたデザインとなり、お客さんに伝わりません。企画のコンセプトが十分練り上げられ、伝えたい価値が一言で表現できるぐらいシン

プルであれば、デザイナーはその商品が主張すべきポイントを明確にしてデザインすることができます。そして、選ぶ基準も明快になります。

しかし、伝えたい価値が明確でないと、デザイナーへの表現依頼があいまいになり、デザイナーは企画担当者の意図を理解できないまま、いろいろな方向性のデザインを作ってきます。選ぶ基準があいまいなので、個人の好き嫌い的な選び方になり、デザインが迷走します。

デザイナーは、言葉をビジュアルに落とすという難しい翻訳作業をしなければならないので、彼らが少しでも翻訳しやすいように、企画担当者は工夫をする必要があります。

具体的には、イメージする世界に近い違うジャンルの商品パッケージや、イメージする世界観を表現した雑誌記事を持参するのも有効な方法です。

また、企画担当者は「できるデザイナー」を選ぶ目を持つことも大切です。何でも「Yes」と受けてくれる「御用聞きデザイナー」ではなく、何をもっとも伝えたいのかを一緒に考え、ときには議論を戦わすことができる「戦友デザイナー」を選ぶことが大切です。

私の経験では、できるデザイナーほど、企画内容に口をはさみ、ときにはリクエストした内容と違うデザインを提案したりします。また、デザインの方向性を掴むため、最初に両極端のデザイン案を出して、考えを整理してくれます。

できるデザイナーは、まさに企画担当者に気づきを促したり、考えを深めさせたりして、企画のレベルを上げてくれる頼もしい戦友です。

お腹の脂肪が気になる中年男性向けに、脂肪の分解・燃焼を促し、肥満症の改善に効果がある薬、『ナイシトール85』は肥満改善薬市場で、37％もの高いシェアを獲得しています（小林製薬株式会社アニュアルレポート2011より）。

　高いシェアの理由の1つは、何のための薬かが非常にわかりやすいパッケージにあると思います。「ナイシトール」という名称は、一般の人にはあまり理解できないかもしれませんが、大きなお腹の絵に男性のメタボの前提となる腹囲85センチをイメージする「85」が大きく書かれています。さらに「おなかの脂肪が多い人に」という文字を目にすると、メタボを気にしている男性やその奥さまは、パッケージに目が留まり、記憶に残るのではないでしょうか。

小林製薬株式会社　『ナイシトール85』

まるでチーズをカリカリに焼いたような「濃厚おつまみスナック」として発売された『Cheeza』は、すでに累計1億個（2008年2月～2011年2月売上実績：江崎グリコHPより）を突破したヒット商品ですが、デザイン面でもコンセプト（商品のウリ）がわかりやすく表現されていると思います。

　まず、チーズが丸ごと入っているような形状は、人目を引きますし、「52％」の大きい数字と一緒に、目に飛び込んでくるので、「濃厚さ」が一目で感じられます。もう1つのウリの食感は、「カリカリ」というコピーとチーザというネーミングから想像できます。食品としてのシズル感（五感に訴えて購買意欲をそそる手法）たっぷりの商品で、チーズ好きでなくても思わず手が伸びる商品だと思います。

江崎グリコ株式会社　『チーザ』

右ページ図に、デザインのステップとそのポイントを書きました。それぞれのステップごとのポイントに注意して、細部にこだわり妥協せずに、お客さんが"そそられる"パッケージを作ってください。

リニューアル時はデザインも大きく変える
　売れ行きが落ちてくると、商品の中身を大幅に見直す場合がありますが、そのときはデザインも大幅に変更しなければ、せっかくの改良がお客さんに伝わりません。お客さんは、担当者が考えているほど違いに気がつきません。

　特に、食品のように新商品が次々出てくる売り場では、中身の大幅な変更と一緒にデザイン変更も相当思い切ってしないと、お客さんの目に留まりません。

　ただし、ロングセラー商品の場合、その"商品らしさ"を示すロゴや色などの記号（アイコン）は、堅持しなければなりません。お客さんが店頭で探す目印になっていたアイコンを変更すると、途端にお客さんがその商品を見失います。

　クライアントの企業で、長年親しまれていた商品ロゴが野暮ったく見えてきたので大幅に変更したところ、「商品がなくなった」とお客様窓口に苦情が殺到し、慌ててデザインを元に戻したという話を聞いたことがあります。苦情を言ってくれたからよかったものの、探すのをあきらめてブランドスイッチされていたら一大事です。気をつけましょう！

デザイン決定のポイント
　検討しているデザインは、売場に置かれた状態を想定して選

↘ デザイン作りのステップ

プロセス **ポイント**

step 1
訴求ポイントを明確にする

・コンセプトシートをベースに、改めて何を最も訴求すべきかを整理する
・自分が表現したいビジュアルイメージを考える（他分野の商品パッケージや雑誌を参考にする）

---

step 2
デザイナーとの打ち合わせ

・コンセプト、ターゲット、シーンを明確に伝える（コンセプトシート、ビジュアルイメージを利用）
・本来は、コンセプト作りのアイデア会議からデザイナーが出席するのが望ましい
・デザインのコンセプト（核となる表現）、訴求ポイントの優先順位を決める

---

step 3
デザイン方向の検討

・デザイナーには、「保守的」〜「革新的」まで表現の幅を広げて提案してもらう
・コンセプトを最も的確に表現している、売場でのインパクト、ターゲットとのマッチングなどで方向性を決める

---

step 4
デザインの絞り込み

・STEP3 で決めた方向性に従って、いくつかのバリエーションを出してもらい、デザインを絞り込む
・決定する際には、再度何を最も伝えたいかを確認する
・訴求ポイントは、極力絞り込むこと

---

step 5
デザイン調査

・時間、費用に余裕があれば調査する
・訴求点が伝わるかを評価基準にすること

---

step 6
デザインの決定

択することが大切です。ともすれば、出てきたデザイン候補だけを比較して選びがちですが、その場でいいデザインだと思っても、いざ売場で競合品と並べると、目立ちが悪かったり、買う気にならないデザインであったりする場合があります。

　選ぶ人間も世間のトレンドに影響されているので、いいと思ったデザインは流行の色や素材である場合が多いです。その結果、市場に出回っている商品と同じような色や素材のパッケージになってしまうことがないように注意が必要です。

　そのような失敗を防ぐために、社内に実際の売場を再現したスペースを常設し、最終デザイン確認はそこで実施するのも1つの手です。また、いいと思ったデザインでも一晩経てば「あれ？」と思うこともあります。最終決定の前に、2～3日眺めて、最終決定するぐらいの慎重さは必要です。

　ただ、商品名やデザインを決める会議は、もめやすいというのが私の実感です。商品名もデザインも情緒的要素が強いので、個人のセンスや価値観が入りやすいからだと思います。

　しかし、決まらないからといって会社内の一部の人の多数決で決めるのは、まったくナンセンスです。

　あるデザイナーは、「担当者と長い時間議論しながらデザイン案を練り上げ、最終いくつかの候補に絞ったところで、社長に見せたところ、その商品で訴求したいことが伝わるデザインはどれかという議論もなく、その場にいた数人に、どれが好きか尋ね、その結果で選んでしまった。今までの議論は何だったのか」とぼやいていました。

　そうならない方策として、右図のように、どういう要素が伝わるデザインなのかを、客観的に調べる方法があります。

↘ デザイン評価の方法（SD法）

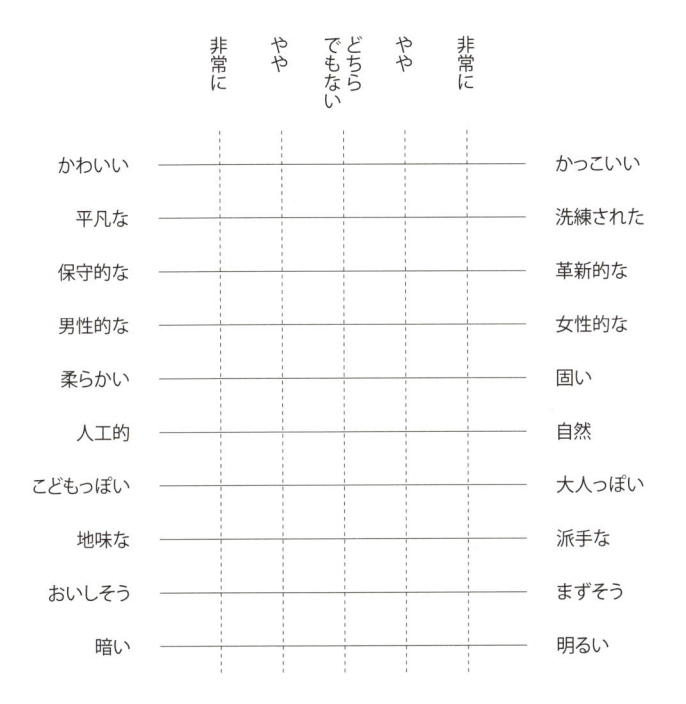

	非常に	やや	どちらでもない	やや	非常に	
かわいい						かっこいい
平凡な						洗練された
保守的な						革新的な
男性的な						女性的な
柔らかい						固い
人工的						自然
こどもっぽい						大人っぽい
地味な						派手な
おいしそう						まずそう
暗い						明るい

- SD法は、企業イメージや商品パッケージデザイン、広告表現評価の測定などに用いられる手法。
- 強い ー 弱い、高い ー 低いなどの対立する形容詞のペアを用いて、通常5〜7段階で測定する。
- 使用する形容詞は、調査する商品により異なる。
- 対象者は、その商品のターゲット像に近い人が望ましい。
- 全体評価もさることながら、打ち出したい世界観が評価されているかどうかをチェックすることが大切です。
- SD法のメリットは、デザイナーや上司と調査結果を一緒に評価することで、作成中のデザインの進むべき方向について、個人的好みによる評価を排除し、同じ目線で議論しやすくなる。

07 企画詰めの定石
辛口コメンテーターを見つけておく

押さえておくべきポイント →
商品企画には答えがないことばかりです。なので、何を指標にしたらいいかわからなくなるときがたくさんあります。そんなときのために、社内・社外に頼れるアドバイザーを見つけておくと、道が開けることがあります。

商品企画は迷いの連続です。新たな気づきと背中を押してくれる人を複数見つけておくことをお勧めします。

社内で大切にすべき人

まず、社内では、本質的なことをズバリ言ってくれる人を探しましょう。社内で企画を進めていくと、ついつい"内輪の論理"に流されがちです。大きい組織のように、商品企画にかかわる人の数や企画に関する会議が多いとなおさらです。

そんなときに、「それってお客さんにとって本当に意味あるの?」と素朴に質問してくれる人を大切にしてください。

そのような人は、会議で弁舌爽やかに話をするタイプではないですが、発言以上にいろいろと考えてくれている場合が多いです。そんな人たちは"企画の肝"を見失っていたり、仕様末節にこだわっている自分を"企画の蛸壺"から引っ張り出してくれます。

ただ、クセのある人も多いので、気軽に話す積極姿勢も大切です。私が新入社員のころ、上司に言われた仕事を何も考えず

に受動的にこなしていると、ある先輩が「その仕事は、何のためにやっているんだ？ そんなことして意味があるのか？」と聞かれ、「言われたからやっているんです」とムッとして答えると、「じゃ、君は上司に犯罪行為をしろと言われたら、やるのか？」と返されて、ハッとしました。

　言い方はきついですが、仕事をするときには、目的をしっかり考えながらすべきだと教えてくれていたのです。入社早々に、大切なことを教えていただいた私は幸せ者です。

社外で大切にすべき人

　一方、社外では、ボキャブラリー（語彙）の多い人がありがたいです。

　テレビのグルメ番組を見ていると、女優さんの中には「おいしい」を連発するだけで、どのようにおいしいのか、テレビを見ている人が想像できないようなボキャブラリーの少ない人がいます。

　企画の内容について、いろいろな表現でコメントをくれる人は、企画を練り上げる上で多くの気づきがもらえるので、大変ありがたい存在です。

　ボキャブラリーの多い人は、そのジャンルについてある意味「おたく」なぐらい好きな人が多いです。

　私は前述のように、『「ムースポッキー」大ヒットの秘密は20人の女友だち』と週刊誌に取り上げられましたが、担当商品に対する辛口コメントをもらう"女友だち"でした。

　お菓子の企画マンにとって、若い女性の心理を理解することはとても重要です。しかし、ある程度年齢がいくと、ターゲッ

ト層と出会うのは、調査のときだけになりかねません。しかし、常日頃からターゲット層と接触することは、センスを磨く上でもとても大切です。彼女たちは"友だち"であるが故に、気軽に思いつくままに、さまざまな表現で、ときには厳しくコメントしてくれました。

やはり、企画にたずさわる人はフットワークが軽いことが重要な資質だと思います。「無から有を生み出す」のが商品企画ですから、迷うのも当然です。そんなとき、「調査だ」と構えずに、社内外を問わず、気軽に声をかけて、コメントをもらう積極姿勢が大切です。

冒頭のお話しした企画担当者の能力の1つ、「大胆さ」が必要です。このような行動を続けていると、いいアドバイスをもらえる黄金人脈が自然とできてきます。

08 企画詰めの定石
企画会議は事前準備で決まる

押さえておくべきポイント ⇒
企画会議でのプレゼンは、資料を短くまとめ事前に配り、リハーサルできるくらいの余裕を持って、事前に準備をしておくことが重要です。

　企画会議は、経営トップや関連部門長が参加する商品実現化の関所です。そんな関所を突破するには、会議前の準備が成否のカギを握ります。

　企画中の商品を発売するかどうかの意思決定をする企画会議には、通常、経営トップから各部門長まで、会社の中枢にいる人たちが出席するので、開催頻度は月1回程度です。したがって、その会議で発売の意思決定がされなければ、企画スケジュールは大幅に狂います。

　また、開催頻度が少ないと検討する案件が多くなり、1つの案件にかける時間が短くなります。限られた時間内にしっかり検討して、発売を承認してもらうためには、入念な準備が欠かせません。

　まず、企画書は論旨が一貫していて、背景から中身の提案までスムーズな流れになっていることが大切です。配布資料は要点をまとめて、極力少なくします。さらに、資料は事前に配布して、会議前には部門内でリハーサルをするぐらいの余裕がほしいものです。

　通常、企画会議を仕切るのは管理職である上司ですが、企画

担当者は、企画内容をプレゼンする重要な役割を担っています。まさに、企画会議は"ひのき舞台"です。企画の中身を要領よく、軽快なテンポで熱意を持って説明できるかどうかが、その後の議論に大きく影響します。

企画内容を長々と説明して、議論の時間が短くなったり、質問に的確に答えられなくて、出席者が提案内容に不信感を抱いたりしてしまうと提案は通りにくくなります。逆に、経営トップや部門長の前で、堂々と論陣をはれるような人は、提案が通りやすいだけではなく、能力評価も高くなります。

企画会議では多くの能力が要求されます。「用意周到さ」を持って準備し、会議前は「スーパーポジティブシンキング」でリラックスし、会議が始まれば、「こだわり」や「あきらめない」気持ちをしっかり持ち、「大胆さ」と積極的な「自己開示」で会議の空気を軽くし、「伝える力」を最大限発揮して、プレゼンする。右ページ図に、企画会議の進め方のポイントをまとめましたので、参考にしてください。

無事企画会議で発売が認められたとしても、安堵してはいけません。勝負は発売後、お客さんに評価されるかどうかです。

プロジェクトメンバーの気持ちが熱いうちに、企画会議後はすぐにプロジェクト会議を開きましょう。

議論の中で出た数多くの意見の中で、発売までに修正すべきこと、再検討すべきことを峻別し、迅速に対応しなければなりません。企画会議までの労をねぎらうと同時に、出された課題に対して、いつまでに、誰が、何をすべきかを決めて、各メンバーを追い込み、さらに企画内容を深めることが大切です。ヒットの要因は、細部に宿ることがほとんどです。

↘ 企画会議の進め方のポイント

会議前

point 1　資料の事前配布をする

会議では、検討課題についての議論に集中するため、出席者には資料を事前に配布し、企画内容を理解してもらっておく。

- 出席者にお客さん（会議の趣旨を理解していない人）を作らない。
- 企画の説明に時間を取られ、意思決定の議論が不十分になる。

---

point 2　配布資料は 2 ～ 3 枚程度にまとめる

企画内容の資料は短くまとめ、データなどは添付資料にする。

- 本資料が厚いと出席者に企画内容にシャープさを与えない。
- 担当者の説明も、つい長くなりがちになる。

---

point 3　出席キーマンには可能な限り事前アプローチする

会議の出席者は、常に頭に入れておき、社内外で顔を合わせたら非公式な事前プレゼンをする。

- 「根回し」する必要はないが、個人的に話されると誰でも嬉しいもの。事前にコメントをもらえる可能性もある。

会議中

point 4　会議で決定してほしい内容を最初に話す

いろんな部門代表者が集まる会議は、"踊りやすい"。最初に、フレームを決めると生産的な会議になりやすい。

- 自由奔放を旨とする「アイデア会議」と、意思決定の場である「企画会議」は違う。主催者がコントロールすること。

---

point 5　「背景」などの前段部分は、短めに話す

思い入れのある商品ほど、担当者は開発の経緯を説明したくなるもの。出席者には企画に対して温度差があることを心得る。

- 前段部分に時間を取りすぎると、企画の中身への期待が大きくなり、評価も厳しくなりがち。

---

point 6　主観的評価には、客観的評価で対応する

消費財の開発の場合、企画内容に対する出席者のコメントには、個人的評価が入りがち。積み上げた生活者のデータで反論しよう。

- 企画の中身の評価に対して、「主観」VS「主観」に陥らないようにする。

コラム3

> 老舗穀物メーカー
> 奮闘物語 その1

私が実際に商品企画のお手伝いをさせていただいているクライアントさんの中から、1つの事例を紹介します。
1877年(明治10年)創業の株式会社森光商店は、創業以来の事業である「米穀事業部」や、穀物のおいしさを食卓に届けている「食料事業部」、九州No.1のシェアの実績を持つペットライフ事業部など幅広く事業を展開しています。
130年以上の歴史を誇る老舗卸・メーカーとして、『百年企業、生き残るヒント』(角川新書)にも取り上げられています。
同社は、「価値創造商店」を経営基本方針に掲げ、さらなる成長に向けて邁進しています。その方針の一環として、新商品企画プロジェクトが立ち上げられました。私は、立ち上げ当初から、プロジェクト推進のお手伝いをさせていただいています。
私は当初、大手菓子メーカーの経験とノウハウが、はたして同じ食品でもまったくジャンルが異なる、地方の老舗卸・メーカーに通用するのか不安でした。
一方、プロジェクトメンバーたちも、卸売事業の経験こそ豊富でしたが、プロジェクトトップの専務以外はメーカーとして一から商品を作り出した経験に乏しく、まさに手探りのスタートでした。
特に、食料事業部は、世界からの原料調達力や産地開発力、

加工技術などには定評がありましたが、小ロットで小売に直接販売した経験はほとんど皆無で、販売チャネルも一から作る必要がありました。

私がこれまでお伝えしてきた、商品企画の定石やタブーにリアル感を感じていただくために、小売についてはほとんどゼロからスタートした食料事業部の奮闘物語をご紹介します。

1. 億劫な「気づきシート」

プロジェクト開始当初は、毎月一人3枚の気づきシートを義務づけました。商品開発のネタを探すという目的もありましたが、まずは、生活者の嗜好の変化に対する感度を上げることを念頭に置きました。

というのも、流行に敏感な若い女性をターゲットにしている菓子メーカーで育った私から見ると、メンバーは流行に対してあまり敏感ではないと感じたからです。

日々の仕事が、産地との交渉やトン単位の商売をしているメンバーにとっては仕方のないことですが、プロジェクトのメインターゲットは、厳しい選択眼を持つ女性ですので、仕方がないでは済まされません。彼女たちの価値観や感性に関心を持っていただく必要があったのです。

真面目な企業文化で育っているメンバーなので、私の「宿題」にみんな一生懸命取り組んでくれました。『日経MJ』やトレンドを扱う雑誌などをくまなく読み、出張で東京に行った際は、トレンドスポットや人気商品を購入するなど、目に見えて問題意識が高まり、行動も変わっていきました。

しかし、「わかる」と「できる」の間には、グランドキャニオンのような巨大渓谷が横たわっています。

「なぜ彼女たちに人気なのか?」という私の質問に対して、新聞や雑誌の解説以上の答えが出てきません。説明が、何か通り一遍で、腑に落ちないのです。出てきたキーワードの数も乏しく、内容も予想の範囲内でした。

一度、若いメンバーに「そんなに人気なら使っている女性に聞いてみた?」と質問すると、「聞いていない」との返事。「その商品の現物を手にした? 売り場には行った?」と重ねて聞くと、「……」。私は思わず声を荒げて言いました。

「使っている人の気持ちも理解しない。現物も手にしない。そんなことで、どうしてはやっている理由が体感できるのですか? 特に、あなたのように若い人なら、その商品のメインの使用者の若い女性に気軽に聞けるでしょう? 生活者の気持ちになりきり、使用シーンにどっぷりつからないと人気の本当の理由がわからないし、自社の商品への展開も思い浮かびませんよ! 汗をかかずに、泥臭いことをせずに、お客さんの琴線に触れる商品は作れませんよ!」

IT環境の格段の進歩で、情報はすぐに手に入ります。プロジェクト当初は、多くの情報を入手することに満足して、体感を伴わない「発表のための発表」もかなりありました。

メンバーは、怠けていたわけではありません。一生懸命、流行しているものを探していました。ただ、見つけても「なぜだろう?」を粘り強く考え、「本当にそうだろうか?」と疑って考える習慣がなかったのです。

同時に、他のメンバーも意識レベルが同じなので、発表前にメンバー間で「なぜ?」や「本当か?」といった内容を深める質問もなかったのです。

ただ、素直なメンバーばかりなので、意識が変われば行動も変わってきました。くだんの若いメンバーは、後日の発表で同じ質問をすると、「実際に買った人が周囲にいなかったので、売り場に見に行ったら、欠品していました。店員さんに客層を聞いたら、情報の通りでした」と、自分なりに売れている理由を加えて、しっかりと答えてくれました。私は彼の成長を実感しました。コンサルタントとして、ビジネスコーチとして、幸せを感じる瞬間です。

2. 禅問答のような「コンセプトシート」

四苦八苦しながら、粘り強く「気づきシート」を議論していくと、徐々にですが、筋のいいシート（いい企画の切り口になりそうな案）が出てきました。

それらのシートを切り口にコンセプトシートを練り上げましたが、この段階では、出口が見つからないような議論が延々と続きました。

「この商品の一番の"ウリ"は一言で言えば何か?」「そのターゲットは、どういう気持ちのときにその商品を使うのか?」「購入者は、どんな価値観、ライフスタイルの女性か?」。

コンセプト、使用シーン、ターゲットの3要素を具体的に明らかにする質問が続きます。そして、議論が深まる中で「本当に今のターゲットでいいのか?」とか「本当のウリは"おいし

さ"なのか？"簡便さ"ではないのか？」など、議論を蒸し返すような話が出てきます。

そうして、3要素の内の1つでも変更すると、連動が崩れて、他の要素も見直す必要が出てきます。

例えば、ウリを"おいしさ"から"簡便性"にするだけで、そのウリに反応するターゲットは、時間をかけてもおいしいものを食べたい人から、忙しい生活の中で、手軽に楽しみたい人に変わります。

すると当然、ネーミングも変わってきて、また一からコンセプトシートをやり直すことになります。いわゆる「差し戻し」です。こんな差し戻しが何ヶ月も続きました。トンの単位の商売で、多額の金額を動かしてきた営業のメンバーからは、「こんな"せからしい"（めんどうの方言）ことまでして、商品を作らないといけないのか」とぼやきも聞こえてきました。

この時期が、まさに踏ん張りどころでした。この時期を乗り越えられたのは、新しい価値を提案できる商品を作りたいという強い情熱を持ち、ユーザーの女性の気持ちを真摯に考え、粘り強く努力を続けてくれた企画のキーマンである、坂本泰則さん（食料事業部お客様満足グループ課長）の存在と社長、専務、事業部長といった経営幹部のご理解と支援があったからです。

コラム4へつづく

第7章

発売準備と発売後のフォロー

テストセールやキャンペーンを通じて
仮説を検証し、てこ入れをする

01 テストセールの定石
小さな成功を拡大しよう

押さえておくべきポイント →
販売の準備として、数多くスピーディーに検証する場を作ることで、本格発売に向けて改良点を見つけやすくなります。

　無事企画会議を通過したら、いよいよ発売の準備にかかります。このプロセスでは、場合によっては、テストセールをしたり、テレビCMや販売促進のキャンペーンを考えたりすることになります。

　企画を煮詰めるときは、研究所や設計、広告デザインなど、どちらかといえば、「本社関係の人たち」と仕事をすることが中心でした。しかし、発売準備になると、支店のセールスや工場などより現場に近い人たちや、広告代理店や販促会社などのパートナー会社、もう少し広範囲な人たちと協力してプロジェクトを進めなければなりません。

　ここでも冒頭に紹介した企画担当者に必要な能力を総動員しなければなりません。成功の神は細部に宿ります。最後まで、「用意周到さ」「こだわり」「あきらめない」気持ちをしっかり持ち、悔いのないように準備することが大切です。

　同時に、積極的な「自己開示」と「大胆さ」と「伝える力」で、広範囲に及ぶプロジェクトメンバーを引っ張っていかなければなりません。

　そして、発売直前の"まな板の上の鯉"状態では、いいイメ

ージだけを考える「スーパーポジティブシンキング」と"賽は投げられた"と割り切る「大胆さ」が必要です。

　発売後は、多くの人がなかなかできない「検証力（チェック＆アクション）」を発揮して、商品企画という「仮説」を市場で検証しなければなりません。検証により学び、ヒット確率を上げるのです。「あたり前のことをあたり前にコツコツと」を最後までやり抜けるかが、勝負の分かれ目となります。

テストセールで検証し、改良を積み重ねる

　今日の成熟市場では、できるだけ"手数"を出して、市場で直接反応を見ることが大切だと思います。念入りに市場調査をすることも大切ですが、やはり生活者に"身銭を切ってもらう"ことが、一番厳しく評価を受けることになります。「仮説」は売ってみて初めて「検証」されるのです。

　規模は小さくとも、実際に販売して成功すると、その経験は"成功の雛形"であり、より大きな成功へのヒントが一杯詰まっています。仮説（成功へのシナリオ）をしっかり持ちながら、規模は小さくともスピード感を持って市場導入を図ることが、今後ますます重要になるのではないかと思います。

　テストセールでも、売れれば担当者はうれしいものです。ただ、有頂天にならず、売れた場合でも冷静にその内容をチェックして、振り返ることが大切です。

　何しろ、真価を問われるのは本番ですから。まず、仮説通りにうまくいった点とうまくいかなかった点を峻別し、改良点は本格発売までにしっかり修正しなければなりません。

　『カロリーコントロールアイス』（江崎グリコ）は、当初、病

気などで甘いものが食べられない人向けのアイスクリーム商品でしたので、入院患者向けに病院の売店で販売していました。

当初の販売見込みより高いレベルで堅調に売れていたので、いろいろ調べてみると、購入者は甘いものが食べられない人だけでなく、体型が少し気になる看護師や面会者も多く含まれていたことが明らかになったそうです。

そこで、スーパーや百貨店に販路を拡大し、大手コンビニエンスも扱う商品に成長したそうです。

江崎グリコ株式会社 『カロリーコントロールアイス』

本番での再現性をチェックする

また、テスト販売では絶対に"操作"が入らないよう、本番で再現性があるテストが実施されているかをチェックすることも必要です。

いい数字を残したい思惑から、本番では考えられない陳列数でテストしていたとしたら、結果は信用できません。

私は、地方のコンビニでテストセールをしたときに、オーナーさんが売りたいあまり「地域限定の新商品！」とPOPをつけ、大きく陳列していたのを発見して、唖然としたことがあります。

テストセールですから、当然「限定」ですが、本番では通用しない「限定」なのです。再現性がないと意味がありません。テストセールこそ、じっくり市場を観察する必要性大です。

さらに、テストセール時と本格発売時で、生産工場が違う場合は、工場ラインの規模の違いなどから商品の性質が変わってしまう場合があります。

特に、規模が小さいテストでは人手をかけて生産し、本番では、機械化したラインで生産する場合には注意が必要です。

例えば、私の経験では、「焼きモノ」はオーブンの長さが異なると温度分布や火力が微妙に異なるので、できあがった商品の食感がかなり変わって、焦ったことがあります。こういった問題が発生する可能性を考慮して、本格生産は余裕を持ってスタートしましょう。

02 販促キャンペーンのタブー
丸投げは自分の首を締めるだけ

押さえておくべきポイント →
外部にお願いすることが多い販促キャンペーンは、パートナーを上手に巻き込むことで、成功につながる確率が高くなります。

　商品の魅力は、作り手が一番よく知っていることを忘れてはいけません。商品企画は、「ラインロスの原則」が反映して、伝言ゲームのようだと言いました。プロジェクトのメンバーでも、所属部門が異なると発想や思い入れが微妙に違います。ましてや、コンセプト作りの最初のプロセスから参加していない社外のパートナーとのコミュニケーションは、なおさら難しいものだと覚悟してください。

　したがって、パートナーへのオリエンテーションでは、コンセプトシートの要素であるコンセプト、ターゲット、使用シーン、競合との差別的有利なポイントの4点を丁寧に伝えることが重要です。

　CMは、15秒でメッセージを伝えなくてはいけませんし、販促ポスターなどは、限られたスペースでの表現が必要です。デザイナーにプレゼンしたときと同様に、一番伝えたいことは何かを明確にし、伝えたい情報に優先順位をつけて、プレゼンする必要があります。

　私は、広告代理店や販促会社などには、最初のオリエンテーションがとても大切だと思います。しっかり準備し、自分の商

品に注ぐ愛情を、積極的な自己開示で説明し、彼らの心を動かさなければなりません。

　通常は、代理店がCMを演じるタレントにしっかり説明してくれるのですが、私の企画仲間は、それだけでは満足せず、撮影時に自ら商品を片手に熱弁を振るったそうです。

　商品のターゲット像を説明するだけで1時間半かけた企画担当者がいたと代理店の友人に聞いたこともあります。ここでも「こだわり」や「あきらめない心」「伝える力」が大切です。

　ただ、立場が違えば"良いCM"や"良いキャンペーン"の意味が、微妙に違うことも理解しなければなりません。

　もちろん、広告代理店も販促会社も自分たちがかかわった商品のヒットを願って、一生懸命プロモーション戦略を立て、実行してくれます。しかし、商品・サービスを発売して、直接利益を得る側と、それを支援する側ではそれぞれの置かれている立場が異なります。

　広告代理店のCM製作者は、自分の才能が評価されることが大切ですから、芸術性や話題性のある映像作りに目が向く傾向があります。また、代理店はタレント事務所との交渉窓口ですから、できるだけタレントが目立つCMを作りたいという気持ちが働きます。

　一方、販促会社は、販促活動の規模の大きさが売上に直結するので、販促提案は大規模になりがちです。

　企画担当者は、お互いの立場が違うことを理解した上で、パートナーの提案を聞かなければなりません。CMならインパクトがあると同時に、商品が売れそうな広告かどうかを考え、販促提案は、費用対効果を十分吟味しなければなりません。

このように、立場の違う相手を上手に巻き込むために、3つのことに留意しましょう。

　1つ目は、発注者と受託者の関係というよりも、一緒にこどもを育てる間柄というように認識することです。

　彼らとは、甥や姪の成長を喜び合う親戚の伯父、叔母のような関係です。以前、長年にわたってCM作りを一緒にした代理店の人と久々に会った際に「あのころは、お互い戦友のような関係で、CMを作っていましたね」と言われて、非常にうれしかったことを覚えています。

　2つ目は、採用したパートナーをしっかり信頼して、細かい情報まで共有することです。共有する情報量と関係の深さは比例します。お互いの情報を知れば知るほど、理解が深まると同時に、主体性も出てきます。選ぶまでは慎重に吟味しますが、選んだ限りは、積極に「自己開示」し、すべてをさらけ出す「大胆さ」が大切です。

　3つ目は、お互いの共通の利益は何かを常に考え、行動することです。つまり、「WIN－WIN」の関係を作ることです。

　これはどの仕事でも、大切なことです。どちらかが一方的に勝つ、「WIN－LOSE」の関係は、すぐに破綻します。長期的、安定的な関係作りのために「WIN－WIN」は必須条件です。近江商人の教えに「三方よし」という言葉がありますが、「自分よし、パートナーよし、お客さんよし」の企画を目指しましょう！

　最後に、広告・販促対策のポイントをまとめましたので、参考にしてください。このようなことの積み重ねで、パートナーも自分の商品・サービス（こども）に惚れてくれます。

↘ 広告対策のポイント

point 1 オリエンテーションで、開発の意図を十分理解してもらうために、企画担当者が直接広告会社にプレゼンすること

point 2 広告部門の立場を尊重しながらも、代理店との打ち合わせでは、率直に意見を述べること

point 3 広告評価は、一視聴者の立場で、コンセプトが伝わるかどうかを判断すること

point 4 広告投入量が少ない商品の場合、特に、広告にインパクトがないとお金のムダ遣いとなる

point 5 広告は大きな投資。最大限の効果を得るために、販促対策、営業戦略との連動が重要 ⇒ 営業部門との早めの情報共有

↘ 販促対策のポイント

point 1 **商品を育てる意識をしっかり共有すること**
⇒ヒット商品を作れば、販促会社も潤う

point 2 **販促ツールは使いやすさが一番。販促会社に営業現場のニーズをしっかり伝えること**
⇒販促会社を育てる意気込みで

point 3 **販促展示会に出て、自らも販促手段の開発を常に心がけること**
⇒情報源を増やす

point 4 **小回りが利く会社を重宝する**
⇒スピード重視

point 5 **商品を育てる意識をしっかり共有するため、営業会議には、極力出席し、直接現場セールスに販促案を説明すること**
⇒営業現場への浸透は、営業スタッフがキー。大型商品なら営業スタッフと　全国キャラバンも

03 販促キャンペーンの定石
社内から店頭まで メッセージは一気通貫

押さえておくべきポイント →
商品コンセプトを的確に反映した統一感のある情報を、社内の人から店頭のお客さんにまで届けることが、販促キャンペーンの鉄則です。

　最近は、テレビCMだけでは、以前ほど購買喚起につながらないと感じています。

　新商品が、次から次へと登場してくる状況では、あらゆる場所で、商品情報が溢れています。もともと発信者である企画担当者と購入いただくお客さんの間には大きな距離があります。さらに、ライバルとの情報戦が激化する状況では、簡単にはお客さんの心を動かすことはできません。

お客さんに情報のシャワーを浴びせる

　統合的マーケティングコミュニケーション（IMC）という言葉が人気です。広報・広告・販促・人的販売という企業のコミュニケーション活動（プロモーションミックス）とテレビ、ラジオ、新聞、雑誌、DM、インターネットなどの媒体（メディアミックス）を統合的に考えて、お客さんとの効率的で効果的なコミュニケーションを実現するという考えです。

　つまり、「統一感のある"情報のシャワー"をお客さんに浴びせる」という考えです。IMCが注目されている背景には、商品コンセプト（一番のウリ）を確実に伝えなければ、お客さ

んに商品を買ってもらえないという危機感があると思います。

　最近は、テレビCMがすぐ喚起できるような一気通貫でメッセージが伝わる店頭展開が必要なので、CMを制作する広告代理店が、従来は販促会社が制作していた店頭ポスターまで関与するようになってきました。CMもポスターもコンセプトを伝える大切な手段なので、ポスターひとつとっても、コンセプトから作ろうという表れです。

　ただ、IMCを実現するためには、かなりの資金が必要なので、資生堂のメガブランド戦略のように、コミュニケーションすべきブランドを選び、集中することが条件になってきています。

社内でも情報を共有できる体制を作る

　さらに、社内でお客さんに提供すべき情報をしっかり共有すること（インターナルマーケティング）も大切です。コンサルティングの現場で、せっかくマスコミに自社の商品が取り上げられたにもかかわらず、現場セールスにその情報が伝わっておらず、まったく商談に生かされていないというケースを度々目にします。もったいない話です。

　また、生産現場の人たちに売れ行き情報をフィードバックするのも、地味ですが大切です。毎日毎日一生懸命作っている商品が、どこでどんな風に売られて、お客さんにどんな反応があるかを現場の人が想像できるかどうかで、商品に対する愛情が違います。当然、品質にも影響してくると思います。

　昔、「メンズポッキーを持って告白したら、恋がかなえられた！」といったかわいい女子高生のお手紙を工場に持参し、食

堂で工場の人に話すと大変好評でした。

　情緒的価値は、店頭で伝えることも大切です。

　店頭に新商品が溢れる一方で、量販店などで生活者が買い物に費やす時間はどんどん短くなってきています。同時に、店頭に行くまでに購買するものを決めている人の割合は、少なくなってきています。

　つまり、店頭での勝負がますます重要になってきているのです。パッケージデザインやネーミングが、とても重要な要素になってきているのも、店頭勝負を意識しているからです。

　店頭での訴求は、短期間の勝負ですから、論理的な左脳に訴えるより、情緒的な右脳に訴える方が効果的です。情緒的価値も一気通貫で訴求することが大切です。

　右ページに広告・販促戦略のポイントをまとめました。インターナルマーケティングを意識して、しっかり情報を共有しながら、進めていきましょう！

広告戦略のプロセス

プロセス / **ポイント**

step 1 広告媒体の選定
ＴＶ、ラジオ、新聞、雑誌、インターネット、車内広告、フリーペーパーなどから、ターゲットを意識して選択すること

step 2 広告コンセプトの明確化
訴求ポイントを絞って、商品コンセプトを生活者が共感を覚える表現にする

step 3 広告制作
ＴＶ・ラジオ：コンテ評価 → 撮影 → 編集 → 評価 → 修正 → 完成
印刷媒体：方向性決定（他広告との連動）→ 出稿 → 校正 → 修正 → 完成

販促戦略の種類

1　消費者対策：生活者に直接働きかける対策

・サンプリング → 実際に商品を手にすることで、商品認知やクチコミを促進
・キャンペーン → 景品を提供することで、指名買いや購買頻度を促進

2　店頭対策：店頭での商品の視認率を上げる対策

・販促ツールの取りつけ → 店頭ポスターやPOPを発売時に設置
・セール企画 → 催事場での大量陳列

3　流通対策：問屋や小売の取り扱い意欲を向上

・セール奨励 → 特売実施を条件に一時的原価引き下げ
・分布促進 → 発売時の分布促進を目的に、販売量に応じて販促費を支払う

04 販売戦略の定石
垂直立ち上げでスタートダッシュを決める

押さえておくべきポイント →
販売動向に変化が生じてきた昨今は、発売開始後の一気に押し寄せる購買行動の波に対応できるように準備しておくことが必要です。

　以前のヒット商品の販売動向は、商品の認知度が上がるにつれて販売量も増え、商品が浸透すると徐々に販売が減少する"山型"でしたが、最近は、デビューと同時に一気に販売量も最大となり、しばらくするとまったく売れない"茶筒型"になってきています（右ページ図参照）。

　これは、多方面のチャネルから情報が一気に広がり、購買行動も一気に広がるからだと思います。売り逃しを恐れる流通サイドが、発売時に大量陳列することも、この状況を後押ししています。

　"茶筒型"の販売に対応して、メーカーは、生産と販売が一体となって、"垂直立ち上げ"方式で対応するのが最近の流れです。

　以前はならし運転をしながら、生産体制を8時間から24時間にゆっくりと上げていたのですが、"垂直立ち上げ"方式では、生産前に十分準備をし、いきなり16時間稼働にし、すぐに24時間稼働に切り替えます。

　欠品が許されないコンビニエンスへの対応が多い食品メーカーでは、10年も前から実施していましたが、最近ではテレビ

↘ 最近の販売動向は、山型から茶筒型へ

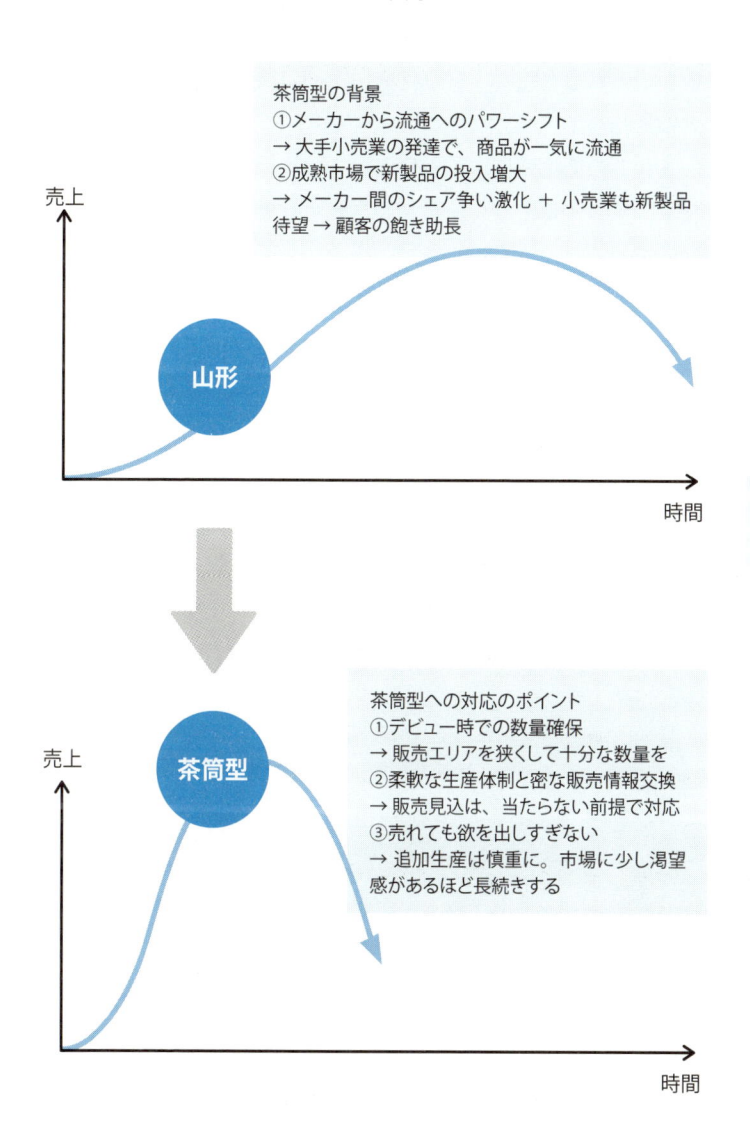

茶筒型の背景
①メーカーから流通へのパワーシフト
→ 大手小売業の発達で、商品が一気に流通
②成熟市場で新製品の投入増大
→ メーカー間のシェア争い激化 ＋ 小売業も新製品待望 → 顧客の飽き助長

売上／時間

山形

茶筒型への対応のポイント
①デビュー時での数量確保
→ 販売エリアを狭くして十分な数量を
②柔軟な生産体制と密な販売情報交換
→ 販売見込は、当たらない前提で対応
③売れても欲を出しすぎない
→ 追加生産は慎重に。市場に少し渇望感があるほど長続きする

売上／時間

茶筒型

発売準備と発売後のフォロー

のような電化製品も同じ状況のようです。食品よりも生産工程が複雑な電化製品の"垂直立ち上げ"方式には驚きますが、売場が、系列店主流から家電量販店中心に移った今日の流通事情への変化対応です。

　茶筒型の販売傾向への対応としては、デビュー時の販売数量を十分確保するために、最初の販売エリアを狭くして、市場の反応を観るケースが出てきています。

　また、「売れても欲を出しすぎない」ことも大切で、追加生産は慎重に考えるべきです。市場に少し渇望感があるほど、人気が長続きする場合が多いです。私は、このことを"飢餓のマーケティング"と呼んでいます。

　最後に、販売見込は当たらない前提で、柔軟な生産体制を想定しておくこと、また販売情報のデータを細かく取ることも重要です。IT活用が盛んな分野ですが、ますます製造と販売のコーディネートが商品担当にも求められています。

05 仮説・検証の定石
怪しい人物と思われても店頭をウロウロしよう

押さえておくべきポイント →
直接現場を観察することと、データなどの客観的な数字の両方を活用し、仮説を立てることで、学びはより促進されます。

"事件は現場で"。大ヒットした映画の主人公のセリフですが、企画担当者にも同じことが言えると思います。店頭は、情報の宝庫です。

発売日は1日中、店頭で売れ行きを見るぐらいの覚悟で、必ず店頭で売場の状況を確認しましょう。当日どれだけ店頭に商品が並んでいるかで、流通側の取り組みレベルがわかります。

スーパーやコンビニエンスでは、本部に登録済みの商品でも、流通側にその気がなければ、すぐに店頭には並びません。私の経験では、コンビニエンスの場合、よほど期待の商品でなければ、登録商品が店頭に並ぶのは、良くて8割、低ければ3割程度のお店にしか並んでいないことがありました。

店頭では特に想定ターゲットの反応を見るようにしましょう。ターゲットが気づかないようでは、店頭での訴求に問題があります。また、手にとっても購買に至らなければ、商品そのものに課題があるのかもしれません。

想定ターゲット以外に反響がある場合もあるので、注意が必要です。警備員に怪しまれない程度に、じろじろと店頭やお客さんを観察し、貪欲に情報を掴みましょう。

私は観察したいという気持ちが高じて、買い物かごに入れた商品の購入理由をこっそり直接お客さんに聞いたこともあります。ここでも、「大胆さ」が必要です。私のクライアントさんは、企画担当者も店頭販売員になって、直接お客さんの反応を感じることを習慣にしている企業も多いです。右ページに店頭観察のポイントをまとめましたので、チェックしてください。

売上は「回転」と「分布」の2つの要素で成り立っている

　今は発売後に多くのデータが入手可能になりました。大手量販店やコンビニエンスに配荷している商品なら、1週間も経てば、かなりの販売データが集まってきます。

　そういったデータを見て、「売れた」「売れていない」と一喜一憂するのではなく、自分が見た店頭とデータをあわせて、現状を把握、推測し、次のアクションを考えることが大切です。

　自社からの出荷は順調でも、店頭での取扱量が少ない場合は、流通センターなどでの滞留在庫の心配があるので、店頭での露出を増やすべく、営業への働きかけが必要です。

　店頭に並んでいたとしても、お客さんが目に留めてくれなければ、その理由を考えて、てこ入れの販促策の検討が必要になってきます。並んでいる店での反応はよかったのに、販売実績が上がっていない場合は、商品の問題より配荷に課題があるかもしれません。

　仮説・検証をするには、「売上 ＝ 分布 × 回転」という簡単な公式を十分頭に入れる必要があります。つまり、売上は「分布」と「回転」の2つ要素で成り立っているのです。

「回転」が悪いのは、商品に魅力がないからで企画の責任です

店頭観察のポイント

point 1　「鳥の目」と「虫の目」で見る

①鳥の目 ⇒ 全体観の理解 ‥‥ 訪問店の特長をつかむ
- 店舗の立地：郊外型（マイカー客中心）か近郊型（徒歩客中心）
- 客層：単身者多い ⇔ 子連れ多い、若い人多い ⇔ 年寄り多い、富裕層多い ⇔ 庶民層多いなど
- 店格：レジ数 ⇒ 店の規模、品揃え ⇒ ワインやチーズの種類豊富 ⇒ 高級店、生鮮品の価格帯 ⇒ 高級品が多い ⇒高級店
- 客数：混雑度は人気のバロメーター
- マネジメントレベル：生鮮売場が綺麗で活気があれば良好

②虫の目 ⇒ 自分の売場の理解 ‥‥ 担当商品の売れ行き・競争状況を読む
- カテゴリーの品数の豊富さ：自分の商品分野に対する店の関心度合いに比例する
- 自社商品のフェイス数：そのお店での自社商品の置かれているポジションがわかる（多い ⇒ 自社との関係良）
- 陳列位置：その商品の売れ行き状況がわかる（ゴールデンゾーン ⇒ 売れている、主力商品）
- 製品の賞味期限：回転状況がわかる
- 欠品の有無や陳列状態：自社営業マンの訪問頻度やバイヤーとの関係が推測できる
- 新製品の有無：他社の動向を調べる

point 2　食品スーパーなら巡回は、まず生鮮３品から

直接、自社商品売場に行かない

point 3　比較をする（気づきが増える）

- 定期的に同じ店舗を訪問する ⇒ 時系列で変化を発見する
- 違う店舗を同じ日に訪問する ⇒ 店舗による差を発見する

point 4　「なぜ売れているか？」を深く考える（本質を掴む）

- 成功要因を見極めて、他のチェーンやエリアに横展開

が、「分布」が悪いのは、営業活動に問題がある場合が多いです。私は、企画という「仮説」を検証するために、クライントのみなさんに販売状況について、しつこく聞きます。

　どういう状況でも、すぐ商品そのものに原因を求める傾向があります。しかし、商品が十分に、お客さんの目に触れない内に、商品が悪いと判断して廃番やリニューアルをするのは、大切な仮説の検証ができないばかりか、分布さえよくすれば売上が上がる可能性のある商品を自ら摘み取ってしまう危険性もあります。

見た情報をすぐ鵜呑みにしない

　現場が大切だからといって、現場での現象を鵜呑みにすることは避けなければなりません。現場に行く前に仮説を持つことが大切です。

　つまり、店頭での印象やデータだけを鵜呑みにするのではなく、それらの情報をネタにして、冷静かつ複眼的に考えること、想像することが企画担当者には必要だということです。

　販売データを見る前に店頭に行く場合は、自分が気になる点を頭に入れてから行くべきですし、データを見た後訪問する場合は、数字が示す意味を探すために、店頭に行くべきです。

　特に、上司は単純に「売り場を見てこい」と言う前に「何を明らかにするために現場に行くのか」を担当者に明確にさせることが望まれます。

　学びを増やし、企画した商品・サービスの潜在能力を最大限引き出すために、右ページの資料を参考にしながら、しっかり市場を分析してください。

データの種類と分析の仕方

point 1 販売データ

①データの種類
- 市販データ（SRI・日経POSなど）
  → 客観性は高いが、取得にお金と時間がかかる
- 特定チェーンデータ
  → お金と時間はあまりかからないが、入手が困難な場合が多い
- 自前データ
  → セールスの聞き取りなので、お金と時間はかからない。上記より客観性に欠けるが、中堅企業は、このデータを活用することが前提

②必須データの見方
売上 = 分布 × 回転
→ 分布と回転状況から商品の売れ行きを分析する

分布状況：商品が発売後順調に店頭に分布しているかを見る
- 大手小売業の注意点：定番導入や特売が決まっていても、必ずしも全店にすぐ分布するとは限らない
- 中小小売業の注意点：セールスの巧拙が分布状況に表れるので、分布率が低い場合は営業に発破をかける

回転状況：商品が実際に売れているかどうかを見る
- 陳列位置やフェイス数により回転は影響を受ける
  →現場の状況と複眼で考える
- 自社商品がエントリーしているジャンルの平均や競合との比較で、回転レベルを考える
- 急に回転が落ちる場合はリピート率が低いと考える
  →生産調整の必要性あり

point 2 ユーザー調査

①質的調査（聞き込み）
発売後1ヶ月位にモニターを集めたり、グループインタビューで、ユーザの感想、今後の購入意向を聞く。お金に余裕がなくても、関連部門でない自社社員にアンケート実施。試食販売員にヒアリングするのもよい

②量的調査（アンケート調査）
知名率、購入経験、商品評価、今後購入意向などをターゲット層で実施

06 仮説・検証の定石
発売は第2のスタートだと心得る

押さえておくべきポイント →
商品は生み出すより、育てるほうが大変です。会社全体で商品を育てるための体制を整えることが重要です。

「生みっぱなし」で商品が育つほど、市場は甘くはありません。商品育成には、子育て同様、愛情が不可欠です。どんなにすばらしい商品でも、「育てよう」という作り手の意思が見えないと、流通やお客さんの反応は鈍くなるものです。

大塚製薬のマーケティングを見ていると、出したからには育てるという強い意思を感じます。『ポカリスエット』も『カロリーメイト』も市場に出たころは、「イオン飲料」や「バランス栄養食」というカテゴリーもありませんでした。

発売後20年以上経った今では、カテゴリーを代表するメガブランドとなっています。カロリーメイトは、味のレベル向上を感じますし、ポカリスエットは、CMでの価値訴求に工夫を感じます。長年の企画担当者としての経験とコンサルティングの現場にいて、商品には「生む力」の何倍もの「育てる力」が必要だと実感しています。

そして、育てるための第一歩として、売れても売れなくても必ず総括することが大切です。ここでは、企画担当者に必要な10個目の能力である、「検証力」の出番となります。

ヒット商品が生まれると、社内に何人もの"企画関係者"が

出てきますが、失敗するとその商品のことを"無視する人"が増えます。「臭い物には蓋」が人間の性ですから、仕方のない部分もありますが、「失敗したときほど、陽気に振り返る」ことが大切です。

　何度もお話ししているように、商品企画は「仮説」ですから、発売すれば必ず「検証」が必要です。私の商品企画コンサルティングでは、次ページのような簡単な表を使って、「総括」をプログラム化し、メンバーと前向きに検証する「陽気な反省会」を実施しています。

　これをすることで、「次につながる気づきの発見」と「企画視点の養成」を心がけています。まさに、「過去と他人（ライバル商品）は変えられない。変えられるのは、自分（企画）と未来だけ」です。

　検証する際に、2つのフィルターを用います。

　1つ目は、商品を案内したときのバイヤーの反応です。ここでは、企画の斬新さが評価のポイントになります。なぜなら、バイヤーは、売り場の活性化をミッションとしているので、売場を刺激してくれる商品を常に探しているからです。

　2つ目のフィルターは、実際に身銭を切って購入してくれるお客さんの反応です。お客さんは、商品を2回評価すると言われています。

　まず、バイヤー同様、企画に魅力を感じてもらえているのなら、商品の「試し買い」が起こります。ただ、バイヤーに比べて、お客さんは、少し保守的な傾向があります。買い物で失敗するのは、とても嫌なことだからです。

　さらに、バイヤーと違って、購入後にもう一回商品を評価し

発売後の検証の仕方

市場導入後の評価シート

・チェーン別定番導入状況
・ターゲット店舗での導入状況

商品名

	導入時		発売後1ヶ月	発売後2ヶ月	発売後3ヶ月	リニューアルのための改良点
販売実績（計画との差異）	導入状況	売上計画				
		売上実績	・発売3ヶ月間は、きっちり販売状況を把握 ・良くとも悪くとも、売上達成率の乖離要因			
		売上達成率				
販売状況分析		分布状況	チェーンごと、ターゲット店舗ごと分布率を計算→時間とともに分布率は上がるのが普通			
		回転情報	市販データ、特定チェーンデータ、セールスの聞き込みデータ等継続的に比較する。急落に注意			
バイヤー・売り場担当者の反応		評価点				
		改善点				
顧客の反応		評価点	消費者調査が実施できなくとも、セールスや試食販売員、店頭での声、購入した職場同僚の声を継続的にかつマメに集める			
		改善点				

発売前の売り場の評価は、バイヤーの目利き評価にも

遅くとも発売3ヶ月後には、商品を総合的に総括し、今後の方向を決める
①継続販売　販促活動によるてこ入れ
②リニューアル　改良点の明確化リニューアルスケジュールの検討
③終売　根本的見直し

ます。そして、商品の中身が期待通りでなければ、継続購買にはつながらないだけでなく、友人やブログなどへの口コミも広がらず、急速に売れ行きに勢いがなくなり、いわゆる「一発屋」で終わってしまいます。

会社全体で取り組む体制が必要

商品を育てていくためには、企画担当者の愛情はもちろん不可欠ですが、育てていく体制も整っていなければ、強く、長生きできる商品には育ちません。

あるメーカーの経営者は、大型新商品を企画して、成長したいと話していました。しかし、現場は仕入商品が売上の半分を占め、営業部門には「自社商品がダメなら仕入商品に」という"逃げ"が目立ち、企画部門には、「商品が育たないのは営業が育てないから」という"責任転嫁"の姿勢が見えました。このような状態では、魅力ある商品の企画、育成は難しいです。

やはり、幹部が、この商品・ブランドを育てるという強い意志を全社に示し、関連部門も「この商品だけは」と優先順位を上げて協力する必要があります。

営業には、新商品の取り組みを評価に組み入れるなど、商品育成のための具体的な体制作りが必要です。柱商品に育てると意気込んで、取り組んでいたブランドが2年目には軒並み、既存商品の中の一ブランドになり下がるケースが多く見られます。「熱しやすく冷めやすい」は日本人の国民性だと思いますが（私は、"花見文化"と呼んでいます）「あきらめない力」が必要です。

コラム 4

> 老舗穀物メーカー
> 奮闘物語 その2

3．やっと全国区小売チェーンの店頭に

こんな地味ですが、大切な議論を粘り強く続けていくうちに、待望の注目商品『ごはんがサプリ』が生まれました。

ごはんがサプリは、自分に合った雑穀を選んで、混ぜて、ごはんと一緒に炊くだけの雑穀米で、日常の食生活の中での健康管理を狙った商品です。

株式会社森光商店　『ごはんがサプリ』

従来、雑穀といえば、「もちきび」や「あわ」などの単品か「五穀米」「〇穀米」と穀物のブレンド数を争い、容量も多く、雑穀米を好んで食べるヘビーユーザー向け商品が主流でした。そこで、ごはんがサプリは、サプリブームをヒントにして、それぞれの雑穀に豊富に含まれる成分の違いに目をつけ、穀物の名称ではなく、「カルシウム（アマランサス）」「鉄分（もちあわ）」という成分を前面に出しました。

そして、ターゲットはサプリメントに親しみのある、従来の雑穀ユーザーより少し若い女性で、雑穀の初心者にしました。商品名は、"ウリ"が伝わるシンプルな名前にしました。包装形態は、初心者が食べ残しを気にせず、安心して購入できるよう、個分けタイプにして、サプリ感覚で気軽に食べていただく商品に仕上げました。

「ごはんがサプリ」は、全国規模の展示会でユニークな切り口が注目され、従来商品に飽き足りない大手流通チェーンから定番導入の話が舞い込み、晴れて全国デビューを果たしました。その際に印象に残る出来事が2つありました。

まず1つ目は、メンバーが自分たちの企画力に自信を持ったことです。全国規模のお店に自分たちの商品が認められたことや展示会でいろいろなバイヤーに注目され、企画をほめられたことで自信を持ったようです。

その時点での売上は、決して満足いくほど大きなものではありませんでしたが、他人から承認される成功体験は、売上の数字以上の効果をもたらしました。

もう1つは、営業のプロジェクトメンバーが、商談の際、いつ

もはもめる値段交渉がなく、「1分で採用が決まった」と驚いて話したことです。
企画力ある商品は、セールスも楽になることが実感され、以前にも増して、積極的にプロジェクトに参加するようになりました。

4. 突撃営業で有名百貨店を開拓

同じころ企画された「五穀まるごとクラッカー」は、国内産穀物のもつ栄養をそのままに、手軽に食べられる香ばしい雑穀クラッカーなのですが、当初は苦戦をしました。もともと健康志向で、少し生活に余裕のある女性をターゲットにしたにもかかわらず、チャネルが未開拓であったことから、地元の既存チャネルでの販売を余儀なくされていたのです。
プロジェクトで、販売状況を振り返った結果、やはりターゲットの数が圧倒的に多い首都圏で販売すべきという結論に達し、専属の営業マンを一人つけることになりました。意思決定が早いのは、プロジェクトに経営陣が一緒に参加しているおかげです。
いよいよ、その後の市場開拓を一手に引き受けることになる吉良山郁生さん（食料事業部お客様満足グループ課長代理）の登場です。
吉良山さんは、誠実な人柄に加えて、ひるむことなく突撃できる行動力とへこたれない粘りを存分に発揮して、首都圏の百貨店、高質スーパーに飛び込み営業を繰り返しました。
そして、ちょうど冬のホームパーティー向けの商品を探してい

た、ある有名百貨店のバイヤーの目にとまり、「五穀まるごとクラッカー」が採用されました。現在も、他にはない和風クラッカーとして、定番商品となっています。

いくらユニークな商品でも、それを欲するお客さんの目に留まらなければ売れません。たとえ売れなくともあきらめず、企画という仮説をしっかり検証し、売れるような状況に持っていくことも企画の大切な仕事です。

そして、この事例を通じて、企画と営業が一緒に知恵を絞り合い、売れるようにしていくことが大切だと改めて実感しました。企画（開発）と営業は両輪といわれる所以です。

『五穀まるごとクラッカー』

5.「世界観」を大切に、ユニークな商品も続々と

まさにゼロからスタートしたプロジェクトは、企画した商品の数も増え、百貨店や高質スーパーでの取引も拡大し、売上も緩やかではありますが順調に伸びました。しかし数年後、売上が伸び悩み、踊り場がやってきました。

プロジェクトでは、販売状況をしつこく前向きに分析し、オープンな議論をしながら、さまざまな仮説を立て、今までにないユニークな商品を企画し続けました。

その当時、私はメンバーに「めんどくさいことが付加価値の源泉です。めんどくさいことは、みんな嫌がるので商機があります」と励ましました。メンバーは、「他人事ではなく自分事」として積極的に取り組んでくれました。

そのような状況の中で、ごはんがサプリは、『プチコク』として生まれ変わりました。はじめて雑穀を食べる人も視野に入れ、1回分のかわいい「使い切りタイプ」で、選ぶ楽しさも強化しました。また、プチコクで雑穀の良さを体感した人向けには、すべて国内産の雑穀を使用した『国産の雑穀』を大袋タイプで開発し、プチコクとセットで展開しました。

さらに、"ウチ食"ブームに対応し、「ミックス粉シリーズ」を開発。中でも『ガレットミックス』は、自社開発したガレット専用のミックス粉で、水に溶かして焼くだけで、本格的なガレットが家庭で作れます。

ガレットはフランスの郷土料理で、専門店ができるなど、ブームの料理ですが、そば粉でつくった生地を一晩寝かすなど下準備が大変でした。レシピ付きで簡単に調理ができるよう工

夫もしました。

2006年には、全国ではじめての"穀物専門店"「穀物屋 森光商店」を地元で開業しました。「穀物屋 森光商店」は、日本人の食の原点である穀物のすばらしさをもう一度見直してほしい。そんな想いで、穀物の良さとおいしさを日常の食材として広めるために、「選ぶ・たのしさ」、「作る・おもしろさ」「食べる・よろこび」を提供できるお店づくりを目指しています。

東京からわざわざバイヤーが訪問され、お店のコンセプトに共

『プチコク』

感して、商品の導入に結びつくなど、商品の世界観、企業姿勢を表現するお店としても貢献しています。

さらに、2011年に発売した、創業130年米穀問屋のおうちレシピ『ほとめきごはん』(リベラル社)も好評で、食品を扱う雑貨系店舗にもチャネルが広がっています。

このような展開を目の当たりにして、私は改めて、コンセプトを明確にし、一貫性を持って、粘り強く発信し続けることの大切さを学びました。

そして、継続の結果、独自の世界観ができあがり、その世界観に共感する人々により、さらに広がっていくことを強く感じました。

食料事業部の成功体験は、他の事業部にも共有化されています。米穀事業部は収益基盤が強固になり、ペットライフ事業部は、飼い主と売り場視点で、ユニークなPB商品を開発しています。

                    コラム5につづく

第8章

ロングセラー商品にする

売れ続ける商品にして
利益を増やす

01 ロングセラー化の定石
ロングセラー化には新規のお客さん獲得がカギ

押さえておくべきポイント →
商品をロングセラーにするには、その商品が陳腐化しないように、常に新規のお客さんを取り入れていくことが必要です。

いよいよ最後は、ロングセラー作りです。

うまい具合にヒットしても手を抜いてはいけません。企業にとっては、売れ続けてはじめて利益が出るのです。

ロングセラーにするには新規でお客さんを獲得する

右ページのような図を「商品ライフサイクル」と呼びます。

人間の寿命と同じように、商品やサービスにも栄枯盛衰があります。この図からわかるように、利益は成熟期に最大となります。ですから、成熟期をどれだけ伸ばすかは企業にとってとても大切なことになります。

ロングセラー化には、常連客を大切にしながらも、入門客の勧誘を忘れないことが大切です。

担当者は、固定ファンの加齢に伴い、"ブランドが老いる"危険性があることを十分認識しなければなりません。強烈なデビューを果たした商品ほどユーザーのイメージも強烈で、何も手を打たないと、中心ユーザーの年齢が上昇する「顧客の持ち上がり現象」が起こります。

そして、一旦古いイメージがついてしまうとなかなか払拭で

↘ 商品ライフサイクル

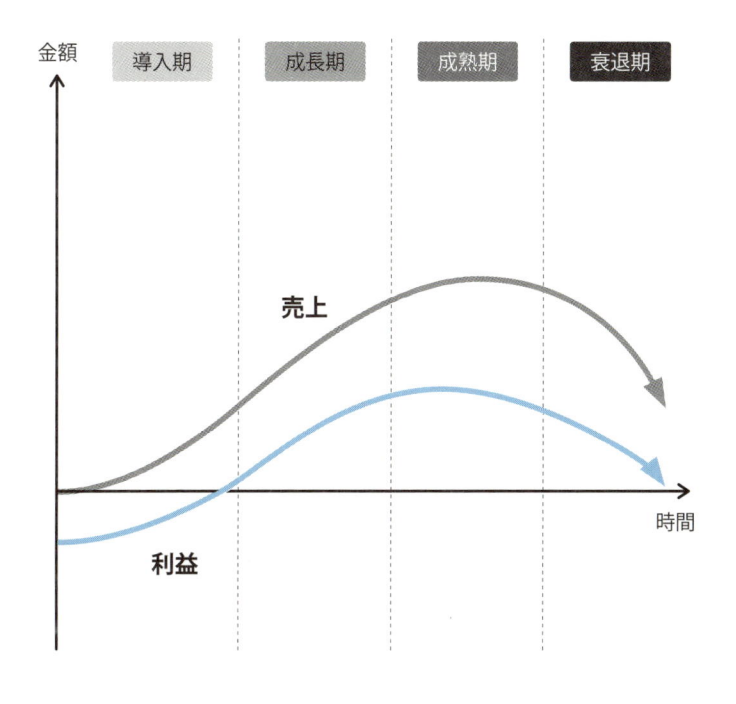

金額

| 導入期 | 成長期 | 成熟期 | 衰退期 |

売上

利益

時間

きず、新たなお客さんを呼ぶことができません。日頃から、ユーザーの高齢化に危機感を抱き、意識的にノンユーザーへ情報発信をして、一定の入門顧客と呼ばれる新規のお客さんを確保しなければなりません。これは、お客さんの嗜好の変化を捉えるためにも大切なことです。

ロングセラーは陳腐化との戦い

　ビール業界の「キリン」と「アサヒ」の戦いは、ロングセラー化について示唆に富んだケースです。

　1987年にアサヒが投入した『スーパードライ＜生＞』は、辛口、コクとキレという今までにない切り口でビール市場を席巻し、シェアを急拡大しました。

　各社がドライビールを発売する中で、キリンは6割近いシェアを得ていた『ラガー』の存在が足かせとなり、有効な手段を打てずシェアを大幅に落としました。

　当時、私は社会人になって間もないころでしたが、「ラガーはオヤジのビールで、若者はドライ」といったイメージを持っていたことを覚えています。しかし、その後キリンは、『一番搾り』や発泡酒の『淡麗＜生＞』、第3のビール『のどごし生』などを積極的に発売して、若者の獲得に成功しています。

　一方、ドライは引き続き大きいシェアを占めていますが、当時、喜んで飲んでいた若者も私のように中年となりました。最近、アサヒは氷点下まで冷やして飲む業務用ビール『スーパードライ　エクストラコールド』を提供する飲食店を増やしています。通常のビールに比べ苦みが感じにくくなり、ビール離れが進む若者や女性層に支持を広げるのが狙いです。

ポッキーも一世を風靡した「ポッキーオンザロック」を最近のCMでは、「DRINK ＆ ポッキー」と、表現を変えて訴求しています。

　ロングセラー化に向けて努力をしているのは、商品だけではありません。2014年に100周年を迎える「宝塚歌劇」は、熱烈なファンに支えられて人気がありますが、さまざまな手を打って人気を維持しています。

　例えば、一大ブームを起こした『ベルサイユのばら』は、1974年の初演以来、時々のトップスターが再演することで、新しいファンを増やしながら、ロングランを続け、名実ともに「宝塚の財産」となった作品です。

　また、最近では、人気漫画『メイちゃんの執事』や、人気テレビドラマ『相棒』、人気ゲーム『逆転裁判』など、新しい切り口の演目でファン層の拡大を図っています。ロングセラーは、「陳腐化との戦い」が宿命なのです。

02 ロングセラー化のタブー
固定ファンを逃してしまう

押さえておくべきポイント →
新しい顧客を取り入れることばかりに目を向けて、固定ファンをないがしろにしてしまうと、大きなしっぺ返しが待っています。

　一般に、食品や化粧品のような、食べるもの、肌につけるものの場合は、お客さんの行動は特に慎重になります。

　しかし、デビューしたお客さんをしっかり掴むと、ありがたいことになかなか離れません。赤ちゃんが、最初に世話をした人をお母さんとして慕うのとよく似ています。

　『チキンラーメン』や『ポッキー』など、豊かになった高度成長時代に生まれた商品は、今でも根強い人気です。女性は、若い時代に使った化粧品ブランドを大切にしています。

　固定ファンには、そのブランドに特定の好ましいイメージが定着しているので、「このシーンにはこれ」という思考回路ができています。また、固定ファンは、周りに積極的に薦めてくれる口コミの中心者でもあります。

　というように、固定ファンというのは、浮気をせず、安売りに反応しない、ロングセラーを育ててくれる、まさにありがたいコア顧客なのです。

　それと同時に、固定ファンにとってもメリットがあります。「取引コスト」が少なくて済むのです。「取引コスト」とは、探索コスト、情報収集コスト、交渉コスト、検証コストなどのこ

とです。少し難しい感じがしますが、「なじみの店」や「好きなブランド」で考えれば、わかりやすいです。誰かを夕食で接待する状況を考えてください。「なじみの店」があると、探す手間が省けます。これが探索コストです。

また、お店を探す必要がないと、ホームページなどでお店を比較する手間も省けます。これが情報収集コスト。そして、「なじみの店」が自分の好みや接待の事情に精通していれば、いろいろとお願いする手間が省けます。これが交渉コストです。

さらに、これが一番大事かもしれませんが、料理の味や値段もわかっているので、下調べもいりません。これで、取引結果の検証コストの削減になります。

前項で述べましたが、ロングセラー化のためには入門顧客を積極的に獲得しなければなりません。しかし、同時にありがたい固定ファンが逃げないように配慮することも必要です。今風の系列品の発売や斬新なプロモーションは、入門顧客獲得には有効ですが、固定ファンが離れてしまったら一大事です。入門顧客を獲得するにも手段は選ばなければなりません。

昔、アメリカでコカコーラの味を変えたら、ユーザーから不買運動が起こりました。古典的な事例ですが、固定ファンは保守的であることをよく表しているので、ご紹介します。

常連客を軽んじたリニューアル（コカコーラの失敗）

コカ・コーラとペプシ・コーラが猛烈な競争を繰り広げている米国コーラ市場での出来事

ペプシは、若者をターゲットにした「ペプシ・チャレンジ」キャンペーンでコカ・コーラを猛追（ブランド名を隠した味覚テストを消費者に実施。参加したほとんどの消費者が甘い味のペプシを選択）

↓

シェア低落を気にしたコカ・コーラは、新製法のコーラを開発。20万人の味覚テストで、オリジナルのコカ・コーラやペプシより評価された。

↓

新製品をニュー・コークとして発売。オリジナルのコカ・コーラを終売した。

↓

多くの米国人が新製品をボイコット。オリジナルが手に入らないことに怒った。

↓

コカ・コーラは、オリジナルをコカ・コーラ・クラシックとして再発売。ニュー・コークは市場から消えていった

教訓1 ロングセラーブランドは、味という基本価値以外の「愛着」といった情緒的価値で評価される→20万人の味覚テストもブランド名を隠さずに実施すると違った結果になったのでは。

教訓2 ロングセラー商品にとって「ニュー（新しい）」は必ずしも好意的に受け取られない。

固定ファンと入門顧客のバランスを取る

　入門顧客を積極的に獲得するための情報発信は、大切ですが、入門顧客は移り気でもあるので、あまり頼りすぎると危険です。

　知る人ぞ知るお店が、マスコミに取り上げられたことで、「一見顧客」が大挙して訪れ、固定ファンが逃げ出し、その後「一見顧客」が離れた後、固定ファンの呼び戻しに苦労したという話はよく聞きます。

　だから、「取材お断りの店」もあるぐらいです。固定ファンは保守的ですので、なかなか新しい企画に賛同してくれませんが、支持はしてもらわなくても、離れるほど嫌われる企画でないかどうかを常にチェックする必要があります。

　つまり、固定ファンと入門顧客のバランスに気をつけることが大切なのです。

03 ロングセラー化の定石
ロングセラーは共同作品

押さえておくべきポイント →
企画・営業・お客さんが連動して動くことで、ロングセラーにつながります。

　ロングセラー商品には、お客さんの"思い出"が一杯詰まっています。ロングセラーのグループインタビューをしていると、お客さんがとてもうれしそうにその商品にまつわるエピソードや思い出話を語ってくれます。

　いろいろな商品のグループインタビューをしましたが、『ポッキー』のときは、出席者が口々に合宿やコンパ、CMの話、ポッキーオンザロックやポッキーゲームまで話してくれるので最初から盛り上がりました。ありがたいことです。

　一方、"受験キャンペーン"を成功させたネスレの『キットカット』も、キャンペーン前（2000年以前）には高い認知度と売上にもかかわらず、下記のようなイメージで情緒的価値が不足していることに、担当者は危機感を持っていたようです。

　① 母親が買ってきてなんとなく自宅にあるお菓子
　② よく知っているけど自分で買う機会は多くない
　③ 特に商品に思い入れがないお菓子
　④ 「Have a break, have a KIT KAT.」＝ ちょっと休憩するときに向いているお菓子
　⑤ 高校生にとっては私のための商品というイメージが希薄

　しかし、受験というキーワードがお客さんに刻まれた今は、

なかなか他社がマネできない財産を築きつつあると思います。

　お客さんの経験価値は、競合がマネることのできない大きな財産です。グループインタビューで商品について語ってもらうときに、商品のハード面への賞賛だけでなく、思い出などの経験による価値が多く出てくる商品に仕上げることが大切です。

　そのような商品は、売上のベースがしっかりあるので、環境変化に対して"打たれ強い商品"となるのです。

ネスレ日本株式会社　『キットカット』

営業と企画の連携がロングセラーを作る

　営業の地道な努力も、ロングセラーの必要条件となります。新商品の嵐の中で、ロングセラー商品の露出を粘り強く働きかける営業の地道な努力が欠かせません。

　コンビニや量販店が大型化、チェーン化することによって、買い手の力がますます強くなってきています。一方、メーカーは市場が伸び悩む中で、競合とのシェア争いに負けないよう、多くの新商品を投入しています。

　お客さんの目をひく"新商品という情報"は、買い手にとって魅力ですが、売り手にとっても商談が楽という点で魅力です。バイヤーを説得しなくても、「新商品を発売したのでセールを組んでください」で商談が成立することが多いからです。

　このような状況では、新商品が売り場の目立つ場所を占拠しがちです。しかし、新商品がいつも魅力的な商品とは限りません。あくまで、今のお客さんの嗜好に合うだろうという仮説の基に出された商品で、売ってみないと売れるかどうかわからない商品です。そして、新商品は定着する前に次の新商品に追い出される"一朝上がり商品"となりやすいのです。

　一方、前述のようにロングセラー商品は、ありがたい固定客がついているので、売上を確実に見込める「金のなる木」です。しかし、せっかくお客さんに支持されてきたロングセラー商品が、他社や自らの多量の新商品により退場を余儀なくされる場合があります。

　当然のことですが、店頭でお客さんの目に触れなければ、商品は売れ続けません。営業は、「金のなる木」のロングセラー商品を店頭で露出するための働きかけを常に行うことが大切で

す。もちろん、営業に、既存ブランドを粘り強く売ってくれというだけでは、昨今の厳しい売場の状況で、継続的な露出はできません。やはり、企画担当者が、継続的な仕掛けで、援護射撃をする必要があります。

私が始めたポッキーの「季節限定」商品もポッキーブランド全体を盛り上げるために考えたもので、「季節限定」ポッキーが発売されるときは、ロングセラーのポッキー「赤箱」も一緒に陳列してもらえるようにお願いしていました。

メンズポッキーの企画も「赤箱」とペアで盛り上がるという点を大切にしました。今ではすっかり定着した「ポッキー＆プリッツの日（11月11日）」は、平成11年11月11日と1が6つ並ぶおめでたい日を契機にスタートしましたが、ポッキーを身近に感じてもらえる日を作りたいという願いからでした。

先ほど掲載したように、最近のキットカットは、「赤と黒」の2種類でキャンペーンをしていますが、定番の「赤」を思い出してもらう狙いがあるのではないかと思います。あの手、この手で、お客さんの目に触れ、買っていただくことがロングセラーへの道だと思います。

また、ロングセラーを意識した新商品であれば、デビューの段階から、販促や系列品発売などの育成プランを流通サイドに見せることが大切です。最近は、バイヤーも1年単位で売場のプログラムを組んでいますから、プランを見せることで、早めに売場を確保できます。さらに、メーカーの育てようという意思も伝わります。

では最後に、ロングセラー作りのポイントをまとめましたので、大切な「金のなる木」を上手に育ててあげてください。

ロングセラー作りの注意点

point 1　○○ブランドと言えば△△という基幹商品を育成する

ロングセラーブランドは、系列品を多く発売していても、顔というべき基幹商品があります。まずは、オリジナル品の育成に全力を注ぎます。

---

point 2　系列品は、基幹品が定着してから発売する

一般に、はじめて市場に出てヒットしたオリジナル商品が、もっとも商品力があります。系列品は、そのオリジナル品との差異化を狙った商品なので、自ずと嗜好幅が狭くなります。売上欲しさに、矢継ぎ早やに系列品を発売すると、オリジナル品が店頭から追いやられたり、系列品が不発でブランド全体のイメージを落とす可能性があります。

---

point 3　系列品発売時は、基幹品の定番化を再徹底する

「前年実績の呪縛」に囚われがちな営業や流通が、新製品に目が行きがちなのは仕方のないところです。だからこそ、ブランド担当者は、系列品発売時には、系列品との差し替えにならないよう、明確な方針「基幹品と差し替えなら系列品を売らない」を徹底する必要があります。

---

point 4　系列品発売時は、基幹品もセットで露出する

系列品は新製品ですから、店頭でセールに組み込まれやすいです。このチャンスを逃さずに、同じブランドの基幹品も併せてセールに入れましょう。長年販売している商品は、大幅リニューアルでもない限り、セールのチャンスはなかなかありません。この機に乗じて、基幹品もしっかり露出し、お客さんの心に留めておきましょう。

---

point 5　系列品発売には、「限定」を有効に使う

営業の系列品開発の要請に応え、ブランドイメージ毀損のリスクを避けるために、販売期間を限定した系列品を発売することも有効な手段です。その際には、季節や売り場のテーマに合った切り口の商品を開発することが重要です。

04 ブランド化のタブー
リニューアル中毒に陥ってしまう

押さえておくべきポイント →
商品の特長で捨ててもいい部分と、捨ててはいけない部分をあらかじめ決めておくことで、コンセプトがブレないリニューアルが可能になります。

　ブランドはロングセラーから生まれます。ロングセラーからブランドになった商品は、どれも、「○○らしい」と表現できる、独特の世界観があります。

　商品企画の段階で、伝えたい価値（コンセプト）を一気通貫で店頭まで伝えることが大切だと言いましたが、それを継続的に続けることがさらに重要です。

　昨今では、お客さんとの接触頻度やつながりの深さは少なく、浅くなるばかりですから、ひとつのことを伝える作業に邁進しないとしっかりと伝わりません。ぶれないメッセージを継続的な刺激を交えて伝え続けることが大切です。

　ただし、同じメッセージでも、その時代に合わせて伝えないと入門顧客は振り向かないし、ブランドイメージの陳腐化を促進してしまいます。テレビCMで、メッセージ（コピー）は変えず、タレントだけ変えるのはそのためです。

　長く商品を売っていると、お客さんにも飽きがきてしまいます。新商品が大量に出回る現代市場ではなおさらです。商品のリニューアルは、ロングセラー商品には避けて通れない道ですが、どうリニューアルするかが問題となります。

見た目（表現）は新しく、コンセプト（一番のウリ）は変えないことが定石です。そのためには、リニューアルをする前に、堅持すべき部分と捨ててもいい部分を明確に峻別しておくことが大切です。

　商品の大切な価値（メリット）やお客さんと絆が結ばれている特長は守らなければなりません。「ブランド・ブック」のような法律を作るのも1つの手です。このような過程を踏まず、なし崩しの変更では、商品の核となるコンセプトがあいまいになります。すると、お客さまにとって存在意義を失う商品になってしまい、支持を失います。

「リニューアル中毒」にも気をつけないといけません。担当者は、売れなくなると、不安からすぐにリニューアルしたくなります。

　リニューアルをすると仕事をやった気分になり、一時的な安心は得られるかもしれませんが、つけ焼刃的な変更は、お客さんに見抜かれ、かえってブランド価値を下げます。

　売り場の刺激策を日夜求めているバイヤーは、リニューアルをいつも望みます。それを毎日のように聞かされる営業も同様です。ただ、要望に従ったような形でリニューアルしても、売上に結びつかないと逆に不満が募ります。

　また、担当者が変わったときも要注意です。一般的に、新任担当者は、「前任者の手柄のような施策は引き継ぎたくない。新しいことを打ち出して、自分の存在感を示したい」と考えるのが自然です。

　現状を否定して、前向きに改革する「高い目的意識（ビジョン設定能力）」を持った人が企画担当者になるので、そのよう

に考えるのは当然ともいえます。

　ただ、リニューアルした商品をお客さんが店頭で探せない、コアユーザーが大切にしていた価値を損ねて、離れていくなどのリニューアル失敗は結構ありますので、気をつけましょう。

　自ら企画した商品が、自分の孫に「あの商品は、お爺ちゃん（お婆ちゃん）が作ったんだよ」と言えるなら、まさに企画者冥利に尽きると思います。

　冒頭にお伝えした、企画担当者に必要な能力を総動員して、がんばってください。努めるものは、必ず報われます！

↘ 商品企画に必要な10の資質

□ 人間観察力

□ ビジョン創造力

□ スーパーポジティブシンキング

□ こだわり力

□ 伝達力

□ 自己開示力

□ ひたむき力

□ 用意周到力

□ 胆力

□ 分析・検証力

コラム 5

老舗穀物メーカー 奮闘物語 その3

最後に、森光商店で行われたこのプロジェクトの成功要因を私なりにまとめてみました。

①「気づきシート」による「気づき力」の向上
最初は、"やらされ感"もあり、毎回の発表でも苦労しましたが、継続的な取り組みで、今ではメンバーの市場を見る目は著しく向上しました。食料事業部の「気づきシート」は、今では400枚に迫ります。

② コンセプトの丁寧な練り上げ
コンセプト、ターゲットは明確か？ 差別的特長はあるか？ 商品名はコンセプトをうまく表現しているか？ 価格は適正か……。腑に落ちないアイデアは、何回も考え直し、私の"差し戻し判決"にもめげることなく、さらにプロジェクト以外にも毎週、社内で企画会議を開き、メンバー間で徹底的に議論しました。その数は、130枚に上ります。

③ デザイナーとの忌憚のないやり取り
しっかり練り上げられたコンセプトを共通の情報として、忌憚のない議論をしてくれる外部のデザイナーに出会えたのは幸運

でした。
企画担当者は、積極的に議論を仕かけて、一緒にがんばってくれるデザイナーを見つけることも大切な仕事です。

④ 市場導入後の検証の徹底
商品企画は、発売後が第2のスタートです。商品作りは仮説の上に成り立っており、必ずその仮説を検証する必要があります。
商品の"生みっぱなし"を許さず、検証をしつこく行いました。この検証のプロセスが、私も含めたメンバーの"学びの場"になりました。

⑤「生みの親」としての執念
常々、「私は産婆さん。商品を生みだすのはみなさん。私は、いい子を作るお手伝いはできますが、生むことはできません。自分が生んだ子は愛情が違います」とお話しています。
この言葉をメンバーは素直に受け入れ、生まれた商品を愛情深く、執念を持って育てています。

⑥ 経営陣のコミットメント
このプロジェクトでは、専務がリーダーシップを発揮され、事業部長とともに、毎回出席され、このプロジェクトの優先順位の高さをメンバーに無言で示しています。
私は、最初の意気込みとは裏腹に、回を重ねるごとに、出席率が悪くなり、尻すぼみするプロジェクトを何回も経験してい

るので、その違いが明白です。おかげで、意思決定は早く、メンバーのモチベーションが高く維持されています。商品企画には、総合力が必要です。単なるアイデアだけでは商品化はできません。全社あげての取り組みで成果が出るものです。

おわりに

「人生三毛作計画」の二毛作目に突入して、早や7年余り。

望んで選んだ道ですから、悔いはありませんが、改めて、組織に属して働くことも個人で働くことも、「どっちもおもろい!」と感じています。

サラリーマン時代の部下や研修の受講生に「どっちがいい?」と聞かれることも多いのですが、私は心の底から、「どっちもええで!」と答えています。

組織で働くメリットの1つは、一個人では到底できない仕事も組織では簡単にできることです。この本で述べた私のサラリーマン時代の経験の多くは、個人ではなかなかできなかったと思います。

私の「二毛作目」の目標の一つは、私とご縁があったみなさんの商品が、どんなに小さくともかまわないので、マスコミに取り上げていただくことです。

私は、幸いにも有名なブランドを長く担当させていただいていたことで数多く取り上げていただき、組織人としてのメリットを享受させていただきました。

私は、自身や担当商品を取り上げていただいたことが、仕事の励みになりましたし、その成功体験が自信につながりました。そして、家族も喜んでくれました。

人は自信が生まれると、余裕ができて、他人への思いやりが

深くなり、さらに魅力的になると思います。そして、そんな懐の深い上司の下では、部下も成功体験を持つことができて、すくすくと成長できます。

　さらにその部下も上司となり、素敵な企画マン、企画レディを育てます。このような、"HAPPYねずみ講"が広がることで、この国が魅力的な日本人で溢れるようになるのではと、密かに夢見ています。

　組織を離れた一番のメリットは、「ありがとう」という言葉を以前より実感を持って言えるようになったことです。

　自分がかかわっている仕事には、何ひとつあたり前がないと考えるようになり、周囲の方に生かされてるという気持ちを日々持つようになりました。

　企画マンとしての基礎を作っていただいた、江崎グリコ株式会社と、現在いろいろな形で至らない私を支援いただいている（財）日本生産性本部をはじめ、多くの方々に紙面を借りて、感謝の意を表します。

　また、私の働くエネルギーである3人のこどもたちと毎日献身的にサポートしてくれる妻の存在なしには、"機嫌よう"二毛作目を楽しめないと、日々感謝しています。

　そして、出版の機会を与えていただきながら、なかなか筆が進まない私を温かく見守っていただいた、㈱クロスメディア・パブリッシングの根本輝久さんに深くお礼を申し上げます。

　世界のどの国も経験したことのない「少子・高齢化」の流れ

の中で、我々日本人は、自分たちで知恵を絞って、独自の道を考えなくてはいけません。

　私は、みなさんと一緒に頭に汗をかき、お客さまが喜んでいただける商品をできるだけ多く作ることで、微力ながらも困難な道を歩んでいる母国日本に貢献できればと思っています。

　人生一度きり。NO　SMILE　NO　LIFE！

参考文献

1. 競争的共創論―革新参加社会の到来　小川進／白桃書房

2. P&G「ジョイ」の攻勢と花王・ライオンの対応（ＫＢＳ教材）慶応ビジネススクールケース

3. 1からのマーケティング　廣田章光・石井淳蔵／碩学舎

4. 1からの商品企画　西川英彦・廣田章光（編）／碩学舎

5. アサヒスーパードライスペシャルサイト（ホームページ）
   http://www.asahibeer.co.jp/superdry/#/extra_cold/

6. 入門アカウンティング　奥村陽一・牧田正裕／文理閣

7. あのブランドの失敗に学べ！　マット・ヘイグ(著)田中洋(翻訳)／ダイヤモンド社

8. マーケティング優良企業の条件―創造的適応への挑戦　嶋口充輝・黒岩健一郎・水越康介・石井淳蔵／日本経済新聞出版社

9. ゼミナール マーケティング入門　石井淳蔵・嶋口充輝・余田拓郎・栗木契／日本経済新聞社

10. 宝塚歌劇検定　公式基礎ガイド２０１１年版　宝塚歌劇団（監修）・宝塚歌劇検定委員会(編)／阪急コミュニケーションズ

11. マクドナルドホームページ
    http://www.mcdonalds.co.jp/index.html

12. ビジネス三國志―マーケティングに活かす複合競争分析　石井淳蔵・清水信年・西川英彦・吉田満梨・水越康介・栗木契／プレジデント社

【著者略歴】

太田昌宏（おおた・まさひろ）

財団法人日本生産性本部 コンサルティング部 主任経営コンサルタント。立命館大学大学院 経営管理研究科 客員教授。大阪国際大学・湊川短期大学 非常勤講師。1961年生まれ。神戸大学農学部大学院卒業後、江崎グリコ株式会社に入社。菓子開発研究所で、チョコレート開発に従事。テキサス大学経営大学院に留学し、MBAを取得。帰国後は菓子の商品開発に従事。10年間ポッキーのブランドマネージャーとして、新商品開発、プロモーション戦略、営業戦略等の市場導入策、商品リニューアル等のブランドマネジメントに従事。その間、メンズポッキーやムースポッキーをはじめ、多くの新商品を開発。チョコレート全般の統括マネージャーを最後に退職。現在は、日本生産性本部のコンサルタントとして、食品及び消費財メーカーでのコンサルティング、企業や公開セミナーの講師として活動中。同時に、（財）生涯学習開発財団認定コーチとして、階層別研修等で、人財教育にも活動を広げている。また、大学では、商品開発、マーケティングの講義を担当している。著書に、「ヒット商品が面白いほど開発できる本」（中経出版）、共著に「1からの商品企画」（碩学舎）がある。

商品企画できない社員はいらない

2012年2月11日 初版発行

発行　株式会社クロスメディア・パブリッシング

発行者　小早川幸一郎

〒151-0051　東京都渋谷区千駄ヶ谷4-20-3 東栄神宮外苑ビル
http://www.cm-publishing.co.jp

発売　株式会社インプレスコミュニケーションズ

〒102-0075　東京都千代田区三番町20

- 本の内容に関するお問い合わせ先 …… クロスメディア・パブリッシング
  TEL (03)5413-3140　FAX (03)5413-3141
- 書店・取次様のお問い合わせ先 …… インプレスコミュニケーションズ
  TEL (03)5275-2442　FAX (03)5275-2444
- 商品の購入及び乱丁本・落丁本のお取り替え …… インプレスコミュニケーションズ　カスタマーセンター
  に関するお問い合わせ先　TEL (03)5275-9051　FAX (03)5275-2443

カバーデザイン　萩原弦一郎（デジカル）　　印刷・製本　株式会社シナノ
本文デザイン　都井美穂子　　ISBN978-4-8443-7141-0 C2034
©Masahiro Ota 2012 Printed in Japan

この本を読んだ方にお薦めの1冊

データをあらゆる角度から読み解き
仮説の精度を上げよう

『データ分析できない
社員はいらない』
平井明夫・石飛朋哉 [著]
定価：1,580 円＋税

社員や部下に読ませたくて
社長や上司が買ってます！